O2O商业模式下
第三方支付平台的顾客体验研究

A STUDY ON CUSTOMER EXPERIENCES OF
THIRD PARTY PAYMENT PLATFORM UNDER O2O BUSINESS MODEL

赵 冰◎著

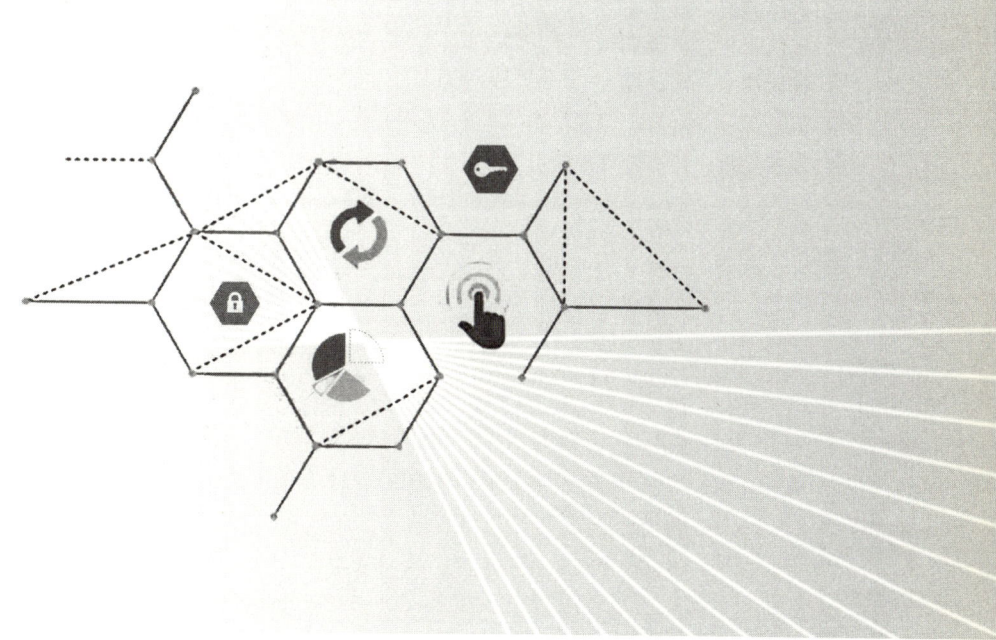

图书在版编目（CIP）数据

O2O 商业模式下第三方支付平台的顾客体验研究/赵冰著. —北京：经济管理出版社，2019.11
ISBN 978-7-5096-6932-7

Ⅰ.①O… Ⅱ.①赵… Ⅲ.①电子商务—电子支付—研究 Ⅳ.①F713.361.3

中国版本图书馆 CIP 数据核字（2019）第 245580 号

组稿编辑：张永美
责任编辑：赵亚荣
责任印制：黄章平
责任校对：陈晓霞

出版发行：经济管理出版社
　　　　　（北京市海淀区北蜂窝 8 号中雅大厦 A 座 11 层　100038）
网　　址：www.E-mp.com.cn
电　　话：（010）51915602
印　　刷：北京晨旭印刷厂
经　　销：新华书店
开　　本：720mm×1000mm/16
印　　张：12
字　　数：216 千字
版　　次：2019 年 11 月第 1 版　2019 年 11 月第 1 次印刷
书　　号：ISBN 978-7-5096-6932-7
定　　价：55.00 元

·版权所有　翻印必究·
凡购本社图书，如有印装错误，由本社读者服务部负责调换。
联系地址：北京阜外月坛北小街 2 号
电话：（010）68022974　　邮编：100836

前　言

随着互联网技术的发展和移动互联网的普及，O2O已经成为中国人熟悉的商业模式。线上线下的整合闭环让消费者的日常生活非常便利，而在这一闭环中支付是最关键的节点。2015年至今，以支付宝、微信支付为代表的第三方支付方式几乎占领了整个消费者支付市场。在这种情况下，对第三方支付的顾客体验进行研究就成了一个重要课题。这项研究包括消费者对O2O商业模式和第三方支付的基本认知、顾客体验维度的差异、如何选择支付方式，以及在移动互联网时代的应用体验和持续使用等相关内容。

在此研究背景下，本书从O2O商业模式出发，充分分析在此商业模式下第三方支付平台的顾客体验维度差异，了解第三方支付平台的顾客体验与选择之间的关系，思索社会影响下第三方支付平台的顾客体验与顾客忠诚，最后对第三方支付平台的持续使用意愿进行了实证研究。通过上述研究，我们发现对于第三方支付平台来讲，核心产品是顾客选择的根本原因，同时，情感互动在支付过程中也同样重要，为了让消费者能够持续使用平台，各平台企业需要增加平台的转换成本，并不断扩大服务范围，增强协同效应，这样才能让消费者心甘情愿地停留在特定第三方支付平台。

本书内容来自笔者主持并结题的北京市哲学社会科学一般项目"O2O商业模式下第三方支付平台的顾客体验"，在结题报告的基础上有所扩充，形成目前的书稿。不过，由于研究团队水平有限，还有很多内容并没有体现在本书中，笔者将继续努力，不断完善相关研究。敬请广大读者提出批评和建议，为将来的研究指出可行方向。

首都经济贸易大学

赵　冰

目　录

第一章　概述 ·· 1
　　一、问题的提出 ··· 1
　　二、国内外研究现状 ·· 3

第二章　O2O 商业模式的发展现状及趋势 ···················· 11
　　一、O2O 商业模式的发展历程 ································ 11
　　二、O2O 商业模式的发展趋势 ································ 17

第三章　O2O 商业模式下不同第三方支付平台的顾客体验维度差异 ······ 21
　　一、第三方支付的发展情况 ···································· 21
　　二、不同第三方支付平台的顾客体验差异 ··············· 27
　　三、本章小结 ·· 48

第四章　第三方支付平台的顾客体验与顾客选择关系 ····· 51
　　一、模型理论基础 ··· 51
　　二、模型构建 ·· 54
　　三、模型假设提出 ··· 56
　　四、研究设计与数据收集 ·· 58
　　五、数据分析 ·· 60
　　六、本章小结 ·· 66

第五章　社会影响下第三方移动支付平台的顾客体验和顾客忠诚关系 ······ 68
　　一、移动支付平台的发展及问题提出 ······················ 68

二、相关概念文献补充 ... 69
三、研究设计 ... 74
四、统计分析与假设检验 ... 87
五、本章小结 ... 101

第六章 第三方支付平台持续使用意向研究 ... 104
一、文献综述补充 ... 104
二、研究模型构建与假设提出 ... 111
三、研究设计与预测试 ... 115
四、实证分析 ... 129
五、本章小结 ... 151

第七章 研究结论和建议 ... 155
一、研究结论 ... 155
二、研究建议 ... 161

参考文献 ... 163

附录 ... 175

第一章 概 述

一、问题的提出

O2O（Online to Offline）商业模式是将线下商务机会与互联网结合（姜奇平，2011；Zott et al.，2010），线上营销、线上购买带动线下经营和线下消费的商务模式。在美国，电子商务在线消费比例仅占8%，线下则达到92%。由于大部分消费者仍然选择实体店消费，因此，将线上营销与线下消费结合在一起的O2O模式才开始迅速发展起来（余思琴、王明宇和刘淑贞，2013）。O2O与B2C和C2C的主要差别表现在交易对象、交易流程和推广效果上（蒋侃、金鑫、黄袁芳和何薇薇，2013）。O2O模式以本地化生活服务为交易对象，通过线上推广、在线支付、线下体验形成闭环，在线支付黏合了交易，更重要的是形成了完整而透明的信息通路。特别是对于提供Online服务的互联网专业公司而言，只有用户完成在线支付自身才能获得收益，并把准确的消费需求信息传递给Offline的商业伙伴。因此，支付平台的选择对于O2O闭环中的每家企业来说都是至关重要的。

近年来，随着互联网经济的快速发展，包括传统银行、第三方支付机构在内的线上支付服务体系逐渐成为连接市场运行的纽带和新经济时代的命脉。电子商务的快速发展为第三方支付行业孕育了极大的发展空间。2010年6月，伴随着《非金融机构支付服务管理办法》的出台，我国第三方支付企业迎来了前所未有的发展机遇。许多传统行业的运营开始在与互联网的结合中不断创新，而运营模式创新的同时也带来了支付方式的创新。大量线上线下的商家加入到使用第三方支付平台的大军中，随着智能手机、手环等移动设备的迅速发展，个人消费的主要支付方式也从PC端逐渐转移到移动端。2013~2015年第三方支付市场交易规模逐渐递增，2016 年达到顶峰，之后虽然增长率呈下降与趋缓趋势，但交易规模总量仍在上升，如图 1-1 所示。

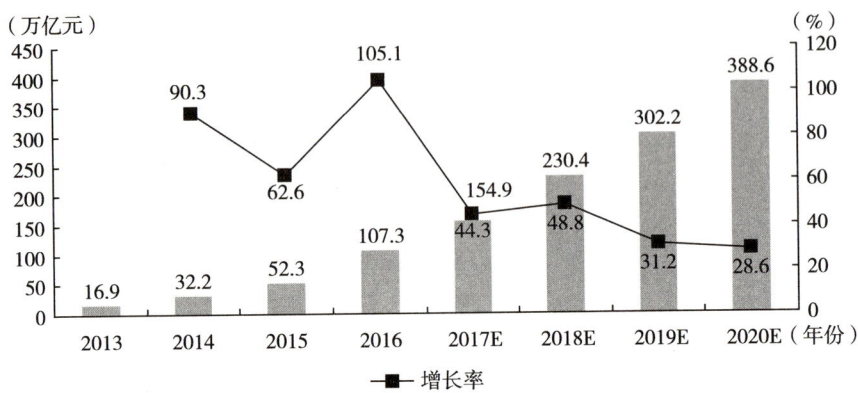

图 1-1　2013~2020 年中国第三方支付市场交易规模

资料来源：中国报告网。

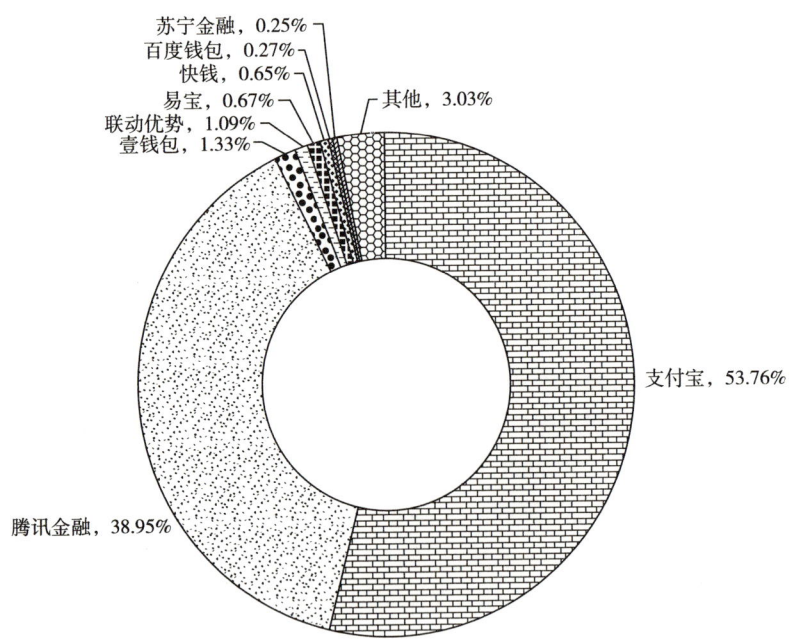

图 1-2　2018 年第一季度中国第三方移动支付市场交易份额

注：以上数据根据厂商访谈、易观自有监测数据和易观研究模型估算获得，易观将根据掌握的最新市场情况对历史数据进行微调，部分企业未涵盖。

资料来源：易观分析。

如今市场上的第三方支付平台有支付宝、腾讯金融、壹钱包等，银联云闪付作为后起之秀奋力直追，这些平台在互联网支付和移动支付之间展开激烈竞争，图1-2所示为2018年第一季度中国第三方移动支付的市场交易份额，从图中可以看出，支付宝和腾讯金融占领了第三方移动支付约92%的市场份额，其他平台虽然也在不断发展，但是实际的市场占有率很小。对于这些平台来说，只有满足了顾客的消费体验和感受，才能吸引和长期留住消费者，最终在众多竞争者中生存下来。那么，在使用这些第三方支付平台时，顾客主要关注的是平台的哪些功能？为什么选择某一第三方支付平台而不是其他？顾客使用某第三方支付平台的体验如何？第三方支付平台应该如何改进才能吸引更多使用者？这些都是本书将要探究的问题。

二、国内外研究现状

（一）O2O商业模式

"Business Model"一词最早由Bellman和Clark（1957）提出，在20世纪90年代末互联网和电子商务的冲击下才迅速发展，受到学术界、创业者和风投的广泛关注。商业模式在公司日常运营过程中发挥着至关重要的作用，理论界对其的界定也不断成熟和发展。商业模式不仅可以描述企业的利润来源，还能清晰阐明利益相关者的利润分配（Timmers，1998），是由服务、产品、信息流构成的一体化的架构。商业模式是企业创造价值的基本机制，是企业整个投入产出营运过程的基础性逻辑，具有源自多主体性和多视角观察的权变性。从流通过程看，商业模式可看作买卖双方价值流（Value Stream）、收入流（Revenue）和物流（Logistic Stream）的组合体（Mahaoleram，2000）。从宏观经济学的视角出发，商业模式还可分为经济、运营、战略三类（Morris et al.，2003），其内在属性之间还存在一定相关性（原磊，2007）。从价值创造的关键要素出发，商业模式分为价值对象、价值内容、价值提交及价值回收四个方面（翁君奕，2004）。

在互联网技术的推动下，商业模式有了更为丰富的内涵和外延，O2O在这样的时代背景下迅速发展。O2O商业模式又称离线商务模式，指线上营销、线上购买带动线下经营和线下消费，其充分利用互联网跨地域、无边界、海量信息、海量用户的优势充分挖掘线下资源，促成交易完成。美国的线上消费与国内相比发展相对较早，但也仅有8%的消费比例，而国内电子商务起步较晚，线上消费比例仅有3%，大多数消费群体受传统购物习惯的影响仍选择实体店消费，因此将线上营销和线下消费相结合的商业模式有巨大的发展潜能（余思琴、王明宇和刘淑珍，2013）。

与B2B、C2C不同，O2O商业模式更注重交易对象的延伸性（蒋侃、金鑫、黄袁芳和何薇薇，2013）、交易流程的简捷性和推广力度的有效性，是支付模式和为店主创造客流量的一种结合，对消费者来说也是一种新的"发现"机制。随着实践探索的深入，O2O模式由初始的两类演变为四类，即先线上后线下、先线下后线上、先线上后线下再线上和先线下后线上再线下，其应用范围已扩展到餐饮、酒店、旅游等领域。

O2O在一定程度上是伴随移动互联网、大数据技术而兴起的一种新型零售模式，在这一模式下，零售企业可通过线上PC端及智能移动端平台收集消费者的行为轨迹、交易数据等信息并运用大数据技术进行深入分析，实现对消费者行为模式及消费者需求的精准洞悉，从而更好地与消费者进行沟通互动，达到精准营销的效果，可以说建立在大数据基础上的精准营销、数据化运营是零售O2O模式与传统零售模式的一个非常重要的区别。

目前，我国O2O商业模式呈现多元创新思路，包括价值链优化、关键资源整合、虚拟网络协作等。Tobias和Matthias（2008）基于市场和资源两个角度分析了整合线上和线下商业模式的理论基础，提出了跨媒体交流、产品和服务捆绑、跨渠道品牌联盟、销售点活动四个具体的跨渠道合作策略。张艳（2014）也对O2O商业模式的内涵、运行机理和存在的问题进行了深入的解析，并提出相关的解决方案。O2O商业模式的崛起颠覆了传统实体运营模式，拓宽了电子商务的发展方向，打通了线上线下信息和体验环节，为传统企业转型升级提供了新思路，给了消费者更多的选择和不同的消费体验。

（二）第三方支付平台

据艾瑞咨询数据统计，2015~2016年第三方支付交易额以每年超过100%的速度增长，交易规模增长超过30倍，可见第三方支付平台的发展速度之快和潜力之大。与此同时，第三方支付平台也面临着激烈的竞争，目前国内主要的第三方支付平台包括支付宝、贝宝（PayPal）、YeePay、首信易、ChinaPay、快钱、微信支付、QQ支付等。其中，交易额最大的是支付宝和PayPal，而PayPal主要在欧美国家流行（赵颖，2006；邓海平，2014；容玲，2012）。因为第三方支付平台仍属于新兴产业的范畴,可研究和探索的地方还有很多,而且其在闭环O2O商业模式中充当着重要的角色,所以对这一领域的研究具有重要意义。

1. 第三方支付平台的概念

第三方支付平台是指独立于银行的第三方机构投资运营的网上支付平台(赵颖,2006),其借助通信、计算机和安全技术使银行和商家建立起紧密的联系,起到了信用担保和技术保障的作用,高度协调地完成了从消费者到金融机构再到商家之间的货币支付、现金流转、资金清算和大数据统计的流程。刘珠珠等(2016)认为,第三方支付平台主要是指一些经营规模和信誉都较为良好的企业与各大银行签约,借助各种资金交易平台,交易成本较低、操作简单的一种提供资金交易服务的平台。其支付业务主要借助于互联网或其他通信网络,完成付款方与收款方之间的资金交易,从业务形式上可以划分为网络资金支付、电话支付、电视支付和货币支付等多种形式(周元军,2010)。另外,第三方支付也是移动支付的一种。国内外相关学者对移动支付有不同的分类标准,其中按照支付账户的性质,可以划分为以第三方支付平台为主体、以移动运营商为主体和以银行为主体三大运营类别。容玲(2012)总结了第三方支付平台的四个特征:①具有双边市场特征;②具有区别于一般平台的特殊性;③具有多平台竞争性;④第三方支付关系包括封闭式与开放式两种。作为一种新兴的支付方式,目前第三方支付尚未有统一的界定,但从前人的定义中,可以归纳出第三方支付平台的三个关键词:商品或服务的交易、移动终端、无线网络(周翔,2016)。

在第三方支付平台的研究上,Antony(2006)开展了关于第三方支付平台对网上交易的信任程度的影响研究,研究表明,电子商务网站开展第三方支付的业务有助于提升客户对网上交易的信任程度。Cynthia(2010)分析了在线交易各个环节的衔接与作用,并指出在线交易的某些环节对于解决网上交易的信用问题具有很重要的意义。Hu(2012)利用二阶段模型和数据进行实证研究,研究结果明确了中介平台获取利益的方式。储涵秋(2015)深入探讨了第三方支付平台的用户满意的影响因素,构建了第三方支付平台用户满意影响因素研究模型。在有关第三方支付的监督控制研究方面,Amanda(2007)对欧洲的网上交易安全性进行了分析研究,发现保障网上交易安全最核心的是监控网上的交易,应该尽量避免过多不受控制的市场碎片出现。Dan J. Kim(2009)进一步明确了信用保障是第三方支付机构来提供相应支持,并以通过eBay进行支付为例,其在交易完成之前货款不会交付给卖方,从而提升双方的信任程度。Liao(2012)对消费者展开探讨,明确了消费者较为关注交易的类别、安全程度、价格因素、质量问题，同时分析了这些因素对消费者进行网上购物的影响。

O2O商业模式中连接线上与线下的第三方支付平台在O2O商业模式运营过程中发挥着极其重要的作用。没有第三方支付平台，这一模式就失去了连接线上下单和线下消费的黏合剂，难以形成一个闭环的信息链系统。

2. 第三方支付的分类与特征

在O2O模式下，消费者拥有更多的支付方式选择，第三方支付方式将便捷体现到极致。从2011年我国央行发放的3批共101家第三方支付企业类别看，主要有两大类：一类是以支付宝、财付通为代表的互联网型支付企业，它们通过"电子商务平台+网上支付工具"，以在线支付为主，捆绑大型电子商务网站，一般采用信用中介模式，实行"代收代付"和"信用担保"。另一类是以银联电子、汇付天下为代表的金融型支付企业，侧重行业需求和开拓行业应用，一般采用支付网关模式，将多种银行的支付方式进行整合，充当了电子商务各方与银行的接口，使银行服务的适用面更广。

与传统的支付平台不同，第三方支付平台具有典型的双边市场特征。第三方支付平台两端连接着需求截然不同的两类用户（消费者和商户），两类用户对平台产品或者服务的需求是相互依赖的联合交易需求，并且某一边用户的效用随着另一边用户数量的增加而增加，这就是双边市场特征之一——交叉网络外部性。比如，如果支付平台拥有的商户规模大，消费者也就更愿意在这家支付机构进行注册，从而更方便买到自己需要的商品或服务；而如果支付平台的注册消费者规模大，商户也更愿意接入这家支付机构，从而拥有更大的消费群基础。双边市场接口的设计策略协调和繁荣了双边需求，实现了自身利润增长，体现了第三方支付平台企业不同于传统单边市场企业的发展策略特征：商户和消费者产生足够的激励，促成双边市场的繁荣、增长。

与其他双边平台类似，第三方支付平台利用网络效应促进用户之间进行交互，从而为用户提供价值。基于第三方生态圈的新特点，第三方支付平台可划分为传统型和创新型两类（芦盛，2015）。由于网络监管体系的不完善和人们网络防范意识的薄弱，第三方支付平台在发展过程中也遇到种种瓶颈，一些学者对第三方支付平台监管模式的法律价值进行了探究。安巧哲（2014）用博弈模型及形成的纳什均衡条件对第三方支付平台自律监管的可能性及央行支付系统管理者担任监管者的可能性进行了探讨，并对加强第三方支付平台监管提出了一些创新建议。研究第三方支付平台的消费者行为是把握消费动机的基础，是制定正确营销策略的保障。

(三) 顾客体验与顾客选择

1. 顾客体验的概念

"体验"一词作为经济学专用术语最早由 Toffler (1970) 提出,他更强调体验的功能性作用,认为体验是商品和服务心理化的可交换物,是一种经历和过程。从精神层面看,体验是对所接触事物的具体感知,是主观个体的内心活动,是一种感觉 (Csikszentmihalyim, 1977, 1997; Schmitt, 1999; Christopher and Andre, 2007)。国内外学者对"体验"的定义具体如表 1-1 所示。

表 1-1 国内外学者对"体验"的定义

学者	定义
Lofman (1991)	综合前人研究成果,结合自身研究认为,顾客体验是想象、感觉和情感的综合反映
Schmitt (1999)	从企业和消费者更微观的视角定义"体验"是人的直觉、感官、情绪、情感等感性因素和思考等理性因素的结合
朱世平 (2003)	顾客体验是消费者为获得内在情感体验与企业发生的一系列行为互动过程
王生平 (2003); 谬以臣 (2005)	体验是人们的一种心理情感诉求,它是个人在某种情景冲击下的心理感知,是一种情绪的反映
张亦梅 (2004)	顾客体验是某刺激下的个别化的感受,具有极强的个体差异性
陈建勋 (2005)	顾客体验是积极体验和消极体验的综合感受
王龙和钱旭潮 (2007)	顾客体验是以个体化方式获得,并在满足过程中不断深化的精神需求,强调个人价值的现实感知

近十年来,体验已经成为消费者行为的核心概念 (Caru and Cova, 2003)。从经济学视角出发,Toffler (1970) 最早提出"体验"之后,Pine Ⅱ 和 Gilmore (1998) 将体验定义为企业有意识地提供的、使消费者以个性化的方式参与其中的事件,是一种独特的经济提供物,同时还根据价格定位和竞争地位,提出了经济价值递进的三个阶段,即提取产品、制造商品、提交服务、展示体验,并进一步指出企业要想获得持续的竞争优势就必须向顾客展示具有吸引力的、令人信服的体验产品和独特的体验环境。

从管理学角度出发,Schmitt (1999) 将体验定义为消费者的一种感受,客户对于商业活动中的"体验"是由消费过程中所获得的产品和服务构成的,同时他还认为体验涉及人的感官、直觉、情绪、情感等感性因素及智力、思考等理性因素；Crabone（1994）等认为，顾客体验是指顾客在学习、拥有、使用和维护甚至抛弃一件产品或一项服务时所产生的累积的顾客感知；Meryer 和 Schwager（2007）认为，顾客体验是顾客从与公司直接或间接的接触中产生的内部和个人的反应，其中直接接触包括购买过程、使用过程和服务过程，主要是由顾客引发的，间接的接触主要涉及一些没有计划地与公司的产品代表、服务或品牌代表接触，主要源自口头推荐或批评、广告、新闻报道、周刊等。

从心理学角度对顾客体验进行定义的学者主要有 Csikszentmihalyi（1977，1988，1997）、Lofman（1991）等。Csikszentmihalyi（1977）最早提出流体验的概念，认为流体验是最优体验的过程，是个体完全投入某种活动的整体感觉，在此基础上，他总结了流体验的九个要素，即清晰的目标、即时反馈、个体技能与任务挑战相匹配、行动与知觉的融合、专注于所做的事情、潜在的控制感、失去自我意识、时间感的变化、自身有目的的体验；Lofman（1991）综合前人的研究成果，结合自身的研究，认为顾客体验是感觉、想象和情感的综合反映。

综合以上学者对顾客体验概念的研究，不同的学者虽然表述不同，但本质上存在一致性。从经济学角度对顾客体验概念的界定，本质上是将顾客体验视为一种经济"物品"；从管理学角度对顾客体验概念的界定，其实质是将顾客体验理解为顾客对企业相关活动所产生的反应；从心理学角度对顾客体验概念的界定，其实质是将顾客体验理解为顾客个体的感知、感受。结合中国本土化特质和本书研究，我们将顾客体验定义为：在一定的外界刺激或导向下，人们对某一事物理性和感性认识的整体感受，并对顾客所做出的选择和行为有一定的影响力。

在传统的商业模式中，对消费体验的研究集中于产品、购物过程、消费及品牌体验方面（Arnold et al.，2005；Schimitt，1999；Schimitt，2009；Brakus et al.，2009；贺和平等，2011；郭国庆等，2012），涉及的行业包括互联网行业、零售业、汽车行业、旅游业、房地产、餐饮业等业态，这些体验多为线下体验。B2C 和 C2C 时代出现的在线购物体验研究则更多关注消费者对在线购物过程的体验（Song et al.，2007；Chen et al.，2008；刘晟楠和董大海，2011）。

2. 顾客体验的维度

相关学者在对顾客体验概念进行研究的同时，也积极地对顾客体验的维度进行界定。由于各自所采用的划分标准不同，对顾客体验的维度界定也有所不同。Lofman（1991）通过分析顾客的消费体验，发现体验共有六个层面，分别为场景、感觉、思维、情感、行动和评价。Pine 和 Gilmore（1999）根据消费者主动参与还是被动参与、顾客融入情景还是接受信息，将其划分为四个维度，即娱乐、教育、逃避和审美。Schmitt（1999）根据大脑由具有不同功能的模块组成的概念，将体验区分为五个维度，分别是感官体验、情感体验、思维体验、行动体验和关系体验。Josko Brakus（2001）在认知理论的基础上提出，顾客体验理论包括五种类型的模块体验——感觉、情感、智力、身体和社交，并且有两个独立的反应水平——最初的（自动的）和第二个（已经获得的）层次。

目前国内学者对顾客体验维度并没有统一的划分，周兆晴（2004）结合Schmitt（1999）的观点及马斯洛的需求层次理论，将体验划分为三个维度，即娱乐体验、情感体验和文化体验；陈建勋（2005）提出顾客体验包括消极体验、无体验、低度体验、中度体验和高度体验五个维度层次；邱晓文（2005）提出了顾客体验的五个层次，即感官、情感、思考、行动、关联；郭红丽和袁道唯（2005）认为目前顾客体验可以从尊重、信任、便利、兑现承诺、掌控、选择、知识、认知、有益、身份与荣耀等若干维度来体现；随后，郭红丽（2006）又提出了客户体验维度层次金字塔模型，位于金字塔最底部的是尊重、信任、便利和承诺四个维度，位于金字塔中部的是掌控、选择和知识三个维度，位于金字塔顶部的是认知、有益、身份和荣耀三个维度。杜娟（2016）把O2O商业模式下顾客体验划分为以下四个维度：功能化体验、品牌体验、情感体验和交互性体验。其中，交互性具有双向性和控制性两重属性，双向性指顾客在网站进行浏览和消费时，网站促使消费者与其他消费者、营销者、产品、网站系统、信息系统等双向沟通和体验的程度；控制性指消费者自发参与并根据自我感知对沟通内容进行控制和施加影响的程度。交互性体验更侧重线上体验。无论是线上体验还是线下体验，交易过程是开放式的，支付并没有成为重点。

顾客体验对顾客选择有着重大影响，O2O商业模式作为一种经典的服务型商业模式对用户体验的内涵和外延有着更精准的认识。从消费者视角出发，杜鹏（2012）研究了消费者对绿色食品的支付意愿，发现了顾客体验的两个维度——认知体验和质量体验与消费者绿色食品购买意愿显著正相关，但顾客体验对消费者绿色食品的支付溢价无显著相关性。李琛琛（2014）探究了快递服务行业产品体验、服务体验和品牌体验的三个体验维度与顾客满意度和忠诚度之间的相关关系，并对服务行业的体验管理提出了一些建议。

本书在参考上述理论研究的基础上，结合第三方支付平台自身的特点，将顾客体验维度分为功利体验、情感体验和社会体验，各体验维度的具体定义如下：

（1）功利体验，指顾客在消费过程中对质量的实际感受和认知。顾客对质量的感知虽然是顾客对其购买决策整个过程在主观上的判断，但是其判断的基础来自于实际经历的客观体验过程。第三方支付平台顾客的功利体验表现为顾客在使用第三方支付平台本质功能（支付）时的体验。

（2）情感体验，指顾客对产品和服务的属性与顾客对自己最终获得的消费价值的情感性反应（Menon，2000）。第三方支付的情感体验是指顾客在使用第三方支付平台过程中对平台本身及其与自己的联系产生的情感上的体验。

（3）社会体验。Carbone 和 Haechel（1994）指出，顾客消费除了为获取商品的使用价值外，更重要的是为获得联系价值，即获得社会认同感和归属感，表明自己的人生观、社会观和价值观，彰显自己的身份地位。本书中的社会体验表现为顾客在使用第三方平台时所感受到的平台与自己的联系及所带来的认同感和自豪感。

第二章 O2O商业模式的发展现状及趋势

一、O2O商业模式的发展历程

(一) O2O商业模式

O2O商业模式即线上到线下,是指将线下的商务机会与互联网结合(姜奇平,2011;Zott et al.,2010),互联网成为线下交易的前台。这样,线下服务就可以通过线上来揽客,消费者可以在线上筛选服务,提交订单后进行线上结算并且很快达到一定的规模。O2O商业模式的关键是在网上寻求消费者,将他们带到实体店中,它是支付模式和为店主创造顾客流量的结合(陈后成和郭东强,2015)。利用这种模式成功的案例有佐卡伊、上品折扣、居然之家、黄太吉等。不同于传统B2B、B2C的商业模式,O2O的消费者在交易过程中通常面临两个不同的服务提供商,分别是提供线上交易平台服务的互联网公司和线下服务提供商,一般情况下用户线上完成支付,信息通过互联网公司反馈给线下服务商,商户接收信息后发货,待客户收到所购物品,检查完好后再将信息反馈给互联网公司,此时互联网支付平台将款项转给商户,交易完成。因此,在线支付是连接线上下单和线下消费整个交易环节的重要纽带。O2O商业模式的特色不仅体现在价值创造方面,还实现了实体商品与虚拟技术的结合,简化了中间渠道,最大限度地节省交易成本。此外,通过大数据追踪分析,还能探索消费者购物习惯,实现点对点精准营销,增强顾客黏性,扩大市场份额。

（二）O2O 商业模式的发展历程

O2O 模式是一个不断发展演变的过程，从早期 O2O 的线上到线下模式已经演变为两者的双向结合。2012 年以来，中国 O2O 市场飞速发展，最初以大众点评、美团、百度糯米为代表的团购服务，促进了餐饮业与互联网的深度融合，并全面渗透到餐饮娱乐各领域；百度外卖、口碑外卖、饿了么成为具有代表性的餐饮外卖服务；与 Uber 中国合并后的滴滴，成为交通出行服务中的代表，商业 Wi-Fi、云计算、大数据、DSP、LBA、移动支付、移动客服等技术不断发展，也为 O2O 迎来良好的发展机遇。O2O 还在旅游、医疗、教育、服装、电影、零售等行业产生了重大影响，不少传统产业纷纷转型升级，零售业和本地生活服务行业表现尤为突出。近年来 O2O 行业发展历程如表 2-1 所示。

表 2-1 O2O 商业模式的发展历程

2009 年外卖 O2O 出现	4 月：饿了么上线
2011 年家政 O2O 出现	7 月：云家政上线，其本质上是一家第三方家政开发平台
2012 年商超宅配 O2O 出现	3 月：社区 101 上线，其本质是一家服务本地商超和用户的 B2C 电商平台，提供"最后一公里"的配送服务
2013 年家政 O2O 涌现	5 月：e 家洁上线 6 月：阿姨来了上线 8 月：阿姨帮上线 重资产家政 O2O 模式开始出现，资本需求提升
2013 年综合社区 O2O 出现	小区无忧、小区管家等综合社区平台在 2013 年前后相继出现
2013 年送洗 O2O 出现	6 月：泰迪洗涤上线 11 月：e 袋洗上线
2014 年巨头布局 O2O	BAT、京东、大众点评、58 同城、美团等互联网企业在 2014 年前后相继进入 O2O 领域
2015 年 O2O 抱团取暖	汽车领域，滴滴打车与快的打车合并；生活服务领域，58 同城与赶集网合并；团购领域，美团与大众点评合并

从发展历程来看，早在 PC 互联网时代 O2O 就已经开始，不论是国外的 Group on 还是携程网收购线下旅游公司，这一模式已经付诸行动。然而，这一概

念被明确提出是在 2010 年，美国试用品营销广告平台 TrialPay 的 CEO Alex Rampell 首次提出，将其理解为"在网上寻找消费者，然后将其带到现实商店中，是支付模式和为店主创造客流量的一种结合"，并将其定义为"线上—线下"商务（Online to Offline），简称 On to Off，即 O2O。随着 O2O 模式的应用和发展，其已经超越了最初的"线上—线下"（Online to Offline）的模式，增加了"线下—线上"（Offline to Online）、"线下—线上—线下"（Offline to Online to Offline）和"线上—线下—线上"（Online to Offline to Online）三个新方向，O2O 的含义更为丰富、全面，更贴近 O2O 的本质。

在线上，企业集中布局线下流量入口，发挥信息及数据优势。互联网企业开展全渠道经营的主要方式有：①互联网企业通过建立营销平台（如微信公众号）或提供第三方电商平台，服务于传统零售企业，有利于其开拓线上市场，同时有利于自身线下市场的开拓；②利用互联网进行用户数据的获取与分析，实现精准营销；③搭建无线网络，推出基于位置的精准推送和服务；④线上线下会员体系打通，提供客户关系管理、体验管理及金融理财等全方位服务。

在线下，企业结合门店、物流及体验优势，扩大业务范围。总体来讲，目前传统零售企业布局 O2O 主要通过以下途径：①构建线上平台，鼓励消费者线上下单、支付，到线下店体验、提货，如苏宁易购；②提供就近门店配送、自提、退货服务，如绫致集团、拉夏贝尔、特步、李宁；③店内铺设免费无线网络，消费者可根据推送信息，自由选择柜台购买或线上购买，如梅西百货；④虚拟展示节约门店空间，同时门店向侧重用户体验转型，如苏宁云店。

从广义上讲，O2O 是指通过线上营销推广的方式，将消费者从线上平台引到线下实体店，即 Online To Offline；或通过线下营销推广的方式，将消费者从线下转移到线上，即 Offline To Online，在整个过程中不完全强调要通过线上支付环节完成交易，如图 2-1 所示。从狭义上讲，O2O 是指消费者通过线上平台在线购买并支付/预订某类服务/商品，并到线下实体店体验/消费后完成交易过程；或消费者在线下体验后通过扫描二维码/移动终端等方式在线上平台购买并支付/预订某类服务/商品，进而完成交易，如图 2-2 所示。狭义 O2O 强调交易必须是在线支付或预订，同时商家的营销效果是可预测、可测量的。在狭义 O2O 所强调的在线支付中，大部分商家并没有自己的在线收付款系统，必须借助第三方支付平台。因此，狭义的 O2O 模式是由第三方支付黏合而形成的线上线下的闭环商业模式，可以说没有第三方支付，O2O 模式就失去了存在的基础。

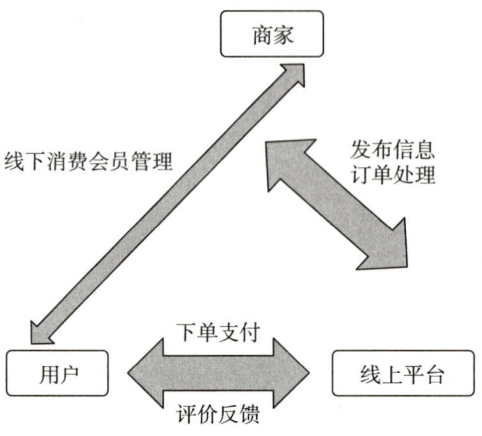

图 2-1 广义 O2O

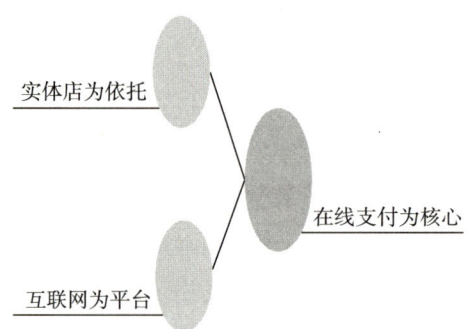

图 2-2 狭义 O2O

(三) O2O 模式与传统电商模式的比较

根据 O2O 模式最新发展趋势,其呈现出一些新特征,表 2-2 所示为 O2O 模式与传统电商模型的比较。

表 2-2 O2O 模式与传统电商模式比较

	电商模式			
	B2B	B2C	C2C	O2O
简称	商对商	商对客	客对客	线上到线下
举例	阿里巴巴、慧聪网	天猫、当当网	淘宝网、易趣网	去哪网、河狸家

续表

	电商模式			
	B2B	B2C	C2C	O2O
构成要素	企业卖家、网上平台、企业顾客	企业卖家、网上平台、个人顾客	个人卖家、网上平台、个人顾客	线下商家、网上平台、个人顾客
产品性质	标准化产品服务	标准化产品	非标准化产品	标准化产品、非标准化产品服务
物流体系	自建物流、第三方物流、第四方物流	自建物流、第三方物流	第三方物流	自建物流、第三方物流、到店提货
与实体店关系	很少有实体店，实现零库存	有实体店，竞争对抗关系	可以有实体店，竞争对抗关系	有实体店，协作优化关系
交易范围	无范围限制	无范围限制	无范围限制	本地化

  网络具有无限制的传播性、传播速度快等特点，因此网络营销活动同样不受时间、地点的限制，传播范围广，宣传版面更加丰富，宣传内容更加详细、生动，同时能够同消费群体之间进行信息的交流和反馈，以此帮助企业及时调整战略规划。此外，网络营销能够进一步帮助企业节约成本，而且利用网络资源能够快速、及时、全面地获取市场动态和商机，以此使企业的决策力度更加坚决，销售方式更加全面。但是网络营销模式具有一定的弊端，即无法令消费者对其充分产生信任感，而且其单调的营销模式缺乏新鲜感，无法让消费者随时具有消费欲望。在进行营销活动时，企业多数处于被动局面，而利用媒体和网络进行的品牌宣传，虽然投入较多成本，但是效果无法令人满意。很多时候线上和线下产品价格差异不大，但是网络销售平台需要不断进行维护工作，对企业来说又是一笔经济投入。在一些比较传统的网络营销模式中，如C2C、B2C等，其影响力度已大不如从前，对企业的销售业绩及服务方面带来的效益不够明显。因此，各大企业逐渐开始为企业的未来发展进行规划，寻找更加先进的运营模式，O2O网络营销模式的诞生为企业的发展指明了方向。

  O2O模式可以帮助企业实现线上与线下的完美对接，具体环节是消费者线上交易完成后，可以凭借消费凭证，享受线下服务。电子凭证的出现，较大程度地解决了对接中存在的问题，随着技术的发展和完善，对接方式将会更加丰富便捷。同传统网络营销模式相比，O2O 模式同样需要消费者在网络上进行交易，同样需要在后台进行需求预测管理。O2O 模式和传统网络营销模式的在线支付及客服等内容都是闭合的。但是 O2O 模式在"闭环"目的上存在不同，其主要是为获得营销价值而采取闭环方式。传统网络营销模式更加注重引导消费群体进行消费，而 O2O 模式更加侧重服务性消费，这就是传统网络营销模式同 O2O 模式存在的最大差异。O2O 模式比较注重服务质量，使消费者感受到真诚的服务；而传统网络营销模式比较注重物流问题，以及消费者的收货等方面内容。在 O2O 模式中，"To"的环节非常重要，此环节等同线下的资源内容、服务内容及体验内容，弥补了传统网络营销的不足。O2O 模式的另一大优势是具有线下实体店，消费者可以在实体店进行消费活动，享受优质服务，这都是传统网络营销模式所不具有的。

通过将 O2O 模式与传统网络营销模式进行对比，可以看出 O2O 模式具有明显的优越性和先进性，更能满足消费者所需。O2O 模式能够更加合理、完整地利用网络平台，同时能够对线下资源进行深层次挖掘，更加全面地满足消费者，从而保证线上或线下的商品、服务交易更加顺利。企业如果想充分发挥 O2O 模式的最大价值，需要对两个方面加以提升：一方面是注重"To"的平台环节；另一方面是提升消费者的体验感觉，提升自身服务质量。企业只有用心创办富有特色、具有吸引力的消费平台，同时加强线下服务工作，才能做出一个合格有效的 O2O 营销模式。此外，O2O 模式可以帮助企业进行直观的营销效果统计，对营销力度和营销方式进行追踪，进一步提升企业对消费群体的控制性。

（四）数据交换实现信息共享闭环

O2O 模式是以线下实体店作为支撑，以互联网作为信息服务渠道推送给消费者，引导消费者到实体店消费或服务，最终通过在线支付或到店支付完成消费活动，其重点是互联网资源与实体店资源的结合，表现为电商平台和实体店面销售与推广的互动，两者相互融合、相辅相成。随着实践发展，其本质会更加清晰，这种模式更像是对产业链资源的整合，成为一种社会经济全领域、线上线下紧密互动的创新思潮。

O2O 通过运用大数据技术，实现线上与线下的数据闭环。大量数据的交换有利于线上和线下企业进行精准营销和仓储物流的数据化管控。具体的共享闭环数据交换过程如图 2-3 所示。首先商家对消费者进行用户数据获取，转向后端的用户数据挖掘与管理，前端对消费者进行数据化、个性化营销，数据化仓储系为后端和仓储物流中心提供支持，接到订单后进行数据化物流配送。通过线上运营、线下体验的数据交换，实现数据O2O闭环，以达到打通系统、沉淀用户的目的。

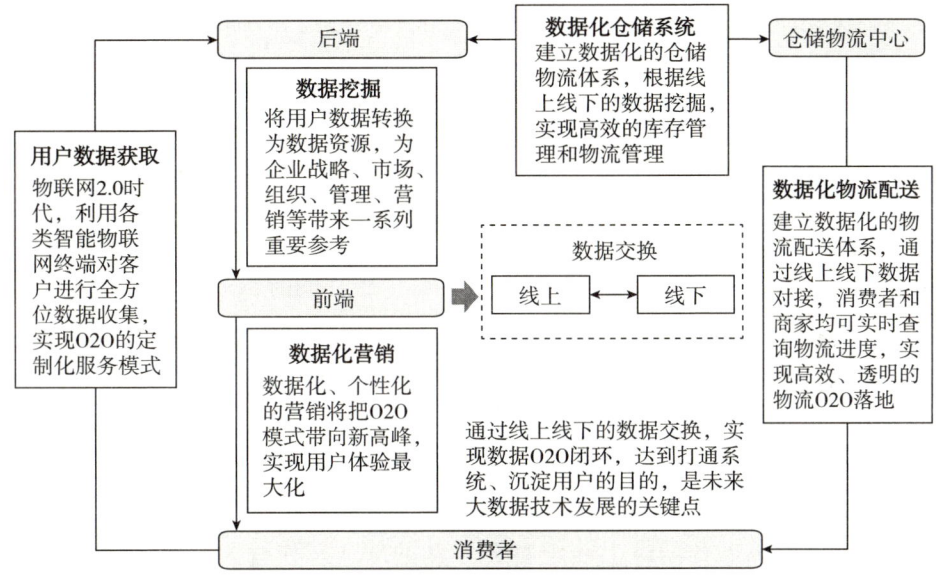

图2-3　O2O数据交换信息共享闭环

资料来源：根据公开资料及艾瑞统计报告整理。

二、O2O商业模式的发展趋势

（一）政策经济形势促使企业加快转型

近年来，O2O模式的发展受到政府的重视与支持，2015年9月29日，国务院办公厅发布《关于推进线上线下互动加快商贸流通创新发展转型升级的意见》（以下简称《意见》），要求大力发展线上线下互动（O2O）这一新兴经济形态在传统商贸物流业中的应用，重点支持实体零售O2O的转型。这份《意见》是针对"线上线下融合"这一趋势所制定的，从鼓励线上线下互动创新、激发实体商业发展活力、健全现代市场体系及完善政策措施四大方面提出了18条措施，以期加快商贸流通创新发展和转型升级。

由于同质化严重、盈利模式模糊、商业模式混乱、资金链断裂、用户需求低、缺乏竞争力等问题，近几年有不少实体企业面临倒闭风险，各行业迎来并购整合潮。在此环境下，线上线下融合成为产业投资热点和发展方向，市场通过新一轮的兼并重组或转型方式寻求发展机遇，而O2O模式对实体经济的转型升级起到助推作用。

当前，消费者的使用习惯已经形成，在传统电商市场增长空间有限的情况下，越来越多的电商企业开始把发展的重点放在O2O领域，这也是促进O2O发展的一大动力。O2O同移动互联网的结合将在很大程度上改变未来的商业与社会形态，此外，O2O的数据商业架构也越发清晰。数据同时驱动着线上与线下的发展，云计算、定位技术等应用也将全面改善用户体验。得益于政策、经济、社会与技术环境，O2O实现了快速发展。

（二）生活服务O2O市场迅速发展

生活服务O2O是以社区为单位，以服务社区居民家庭生活为目的，对社区周边3公里内资源展开的线上线下整合互动的商业运作模式。具体来说，社区O2O是一种场景经济，通过线上互联网结合线下实体服务，满足社区家庭生活消费需求。生活服务O2O类别可以概括为三大类：①跑腿服务。围绕社区生活提供周边3公里内的标准化及准标准化商品配送。②入户服务。围绕用户家庭硬件设施及家庭成员展开的专项性维护及护理工作，如家庭硬件维修、家庭成员护理等非标准化上门入户服务。③物业社区信息便民服务。物业社区的信息化与系统化管理与服务。

生活服务业直接关系到人们的衣食住行，关系到稳增长、扩内需、促就业、惠民生的国家政策。近年来，中国生活服务业发展快、变化大，新兴业态大量涌现，在经济社会中发挥的作用越来越重要。过去几年，中国涌现了大量生活服务O2O平台，促进了O2O市场高速发展。2015年其市场规模为8797亿元，2018年已经达到15620.7亿元，比2017年增长56.3%。

据图2-4艾瑞咨询数据显示，O2O行业市场的高速发展主要受各垂直行业的快速发展所推动，2015~2018年，本地生活服务市场的线上交易规模大幅上升，2017年和2018年的增长率尤为突出。本地生活服务O2O行业的市场规模在不断地扩大，这也为第三方支付平台的良好快速发展提供了基础。

第二章 O2O商业模式的发展现状及趋势

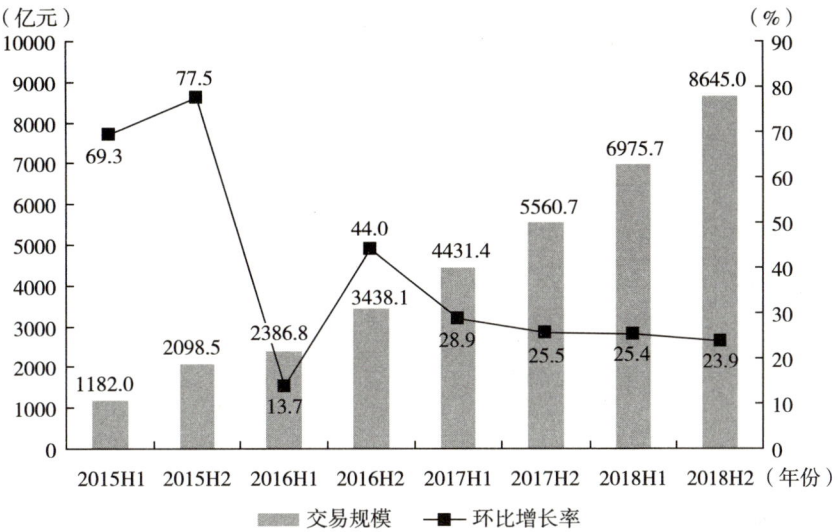

图2-4　2011~2018年中国本地生活服务O2O行业市场规模

注：中国本地生活服务市场规模涵盖餐饮/住宿、电影/票务、商超便利零售、洗衣/家政、美容洗护、休闲娱乐、结婚、社区服务、生活配送、同城跑腿等服务领域；信息服务、OTA度假旅游、交通出行，以及任何纯支付性质的交易和未通过线上完成的交易服务不包含在内，时间轴中的H代表半年度。

资料来源：《2018中国本地生活服务市场年度盘点》。

生活服务O2O未来的发展有以下两种趋势：第一，往产业链上游延伸。社区服务不论是垂直细分、跑腿代购还是流量分发，一直都处于产业链的下游——把商品供应商和服务供应商对接给社区的C端用户，不能或难以保证供应端的品质。这也成为中间服务商的最大瓶颈。因此，一些社区服务平台开始往产业链上游延伸，比如，垂直服务平台提供各类系统工具帮助供应端提升效率、提高品质，增强对平台的依赖；标准化商品配送平台扩大实体门店数量，扩充销售渠道，形成较强的采购话语权，从而实现对供应端的品质把控。第二，智能终端将成为生活服务O2O重要场景。随着科技的发展，智能应用蓬勃兴起，社区场景经济将进一步凸显。基于社区场景经济的一大批智能终端应用将被接入用于消费娱乐购物，总之场景经济的生活服务O2O将是下一阶段生活服务的终端落脚点。

（三）未来O2O服务受时间、空间约束将更少

近年来，移动互联网保持高速发展态势，并加速向经济社会各领域渗透，带

动电子商务由传统 PC 端加速向移动端迁移，移动电子商务正成为当前电子商务发展的新力量，同时也开启了电子商务发展的新空间。相较于 PC 端，移动购物受时间、空间限制更小，与线下消费场景的交互方式更具情景化，未来移动端市场潜力无限，移动互联网加速渗透带动各领域 O2O 应用竞相发展（见图 2-5）。

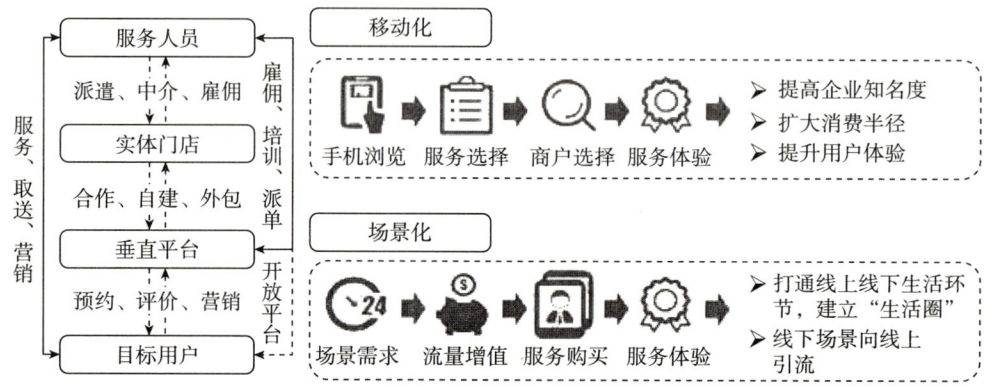

图 2-5　O2O 移动服务流程

资料来源：根据公开资料及艾瑞统计模型整理。

第三章　O2O 商业模式下不同第三方支付平台的顾客体验维度差异

一、第三方支付的发展情况

(一) 第三方支付业务与平台

第三方支付是指由一些具备经济实力和信誉的第三方独立机构通过和国内外银行签约,在交易过程中提供的支付平台,是在缺乏信用保障或者法律支持的交易中资金支付的"交易平台"。在虚拟的无形市场中,由于商品验收需要时间,无法实现同步交换,并且由于交易双方对彼此不了解,无法像现实的有形市场的异步交换一样提供法律保障,因此,在传统支付背景下,卖家不愿先发货,而买家也不愿先付钱,电子商务难以进行,第三方支付平台应运而生。在第三方支付交易过程中,买方付款给第三方,而第三方机构由于与各银行签订协议,能与各银行进行数据交换和信息确认,建立起买卖双方与银行之间的支付流程,成为买卖双方的过渡账户,使交易实现可控性停顿,只有当交易双方达成一致意见时,才能决定资金去向,从而保障交易进行。

第三方支付平台属于第三方服务型中介机构,不从事具体的电子商务活动,但面向开展电子商务的企业提供电子商务基础支撑与应用支撑服务。它是互联网金融五种典型业态(第三方支付平台、P2P 网络贷款平台、大数据金融、互联网金融门户、众筹融资平台)中发展最早、最为基础的模式。

第三方支付平台的出现在商家与消费者之间建立了一个公共的、可以信任的中介，它满足了电子商务中商家和消费者对信誉和安全的要求，在一定程度上防止了电子交易中欺诈行为的发生，消除了人们对网上交易的疑虑。第三方支付平台可以帮助客户完成款项支付、资金划转、查询等服务，使交易过程更加方便、快捷。

第三方支付平台可以分为以下几类：①互联网型支付企业。以支付宝、财付通为首的互联网型支付企业以在线支付为主，捆绑大型电子商务网站，迅速做大做强。②金融型支付企业。以银联商务、快钱、汇付天下、易宝、拉卡拉等为首的金融型支付企业侧重行业需求和开拓行业应用。③第三方支付公司为信用中介。以非金融机构的第三方支付公司为信用中介，类似拉卡拉、嘉联支付这类手机刷卡器产品，这类移动支付产品通过和国内外各大银行签约，具备很好的实力和信用保障，是在银行的监管下保证交易双方利益的独立机构，在消费者与银行之间建立一个某种形式的数据交换和信息确认的支付的流程。

（二）第三方支付的业务流程及特点

在第三方支付交易中，其流程如图 3-1 所示。首先，网上消费者通过浏览网页选择欲购买商品，并下订单；其次，在支付页面上选择具体的支付平台和支付方式，进入银行的相关支付页面完成支付；再次，第三方支付平台将支付信息传递给相关银行后，由银行根据消费者的资金情况，实行划账或冻结，并将结果回馈给第三方支付平台和消费者，再由第三方支付将结果传递给商家，当商家确定支付成功后为买家发货或服务；最后，银行通过第三方支付平台与商家进行清算。

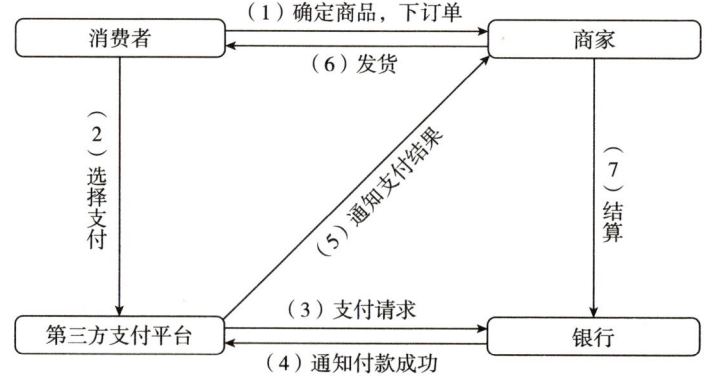

图 3-1　第三方交易流程

从第三方支付的概念及交易过程可以发现，较传统支付而言，第三方支付具有以下显著特点：第一，便利、快捷。第三方支付平台的接口在一个界面上整合了多种银行卡，负责交易过程中的货款支付，买家和卖家不必在各个银行都开通账户即可直接在线交易，使整个交易过程方便、快捷，并且可以减少消费者的购物成本和商家的运营成本。第二，操作简单，易于接受。现今使用较多的 SSL、SET 等支付协议需要各种身份验证，并且使用的程序比较复杂、速度较慢、成本较高，而第三方支付交易中，商家和消费者之间的交易通过第三方平台完成，使交易简单并且快捷。第三，信用保证。第三方支付平台依附于大型门户网站，并且以合作银行的信用为依托，以国家相关管理规范为保障，不向个人及非法企业提供支付服务，不影响商家与消费者的交易，使其信用得到保证的同时也保障了买卖双方的利益，并且在一定程度上可减少网络诈骗行为。

（三）第三方支付的发展现状

随着互联网的普及及 O2O 电子商务的发展，第三方支付平台得以迅猛发展。现在我国有阿里巴巴的支付宝、易趣的 PayPal、腾讯的财付通、百度的百付宝、网易的网易宝，以及银联商务、拉卡拉、易票联支付、盛付通、易宝支付、快钱、国付宝、捷诚宝、物流宝、环迅支付、网银在线、汇付天下、宝付、汇聚支付等多种第三方支付产品。其中，支付宝和财付通的用户量最大，而拉卡拉是我国最大的线下便民金融服务的提供商，此外中国银联的电子支付也开始发展第三方支付。

相关数据显示，截至 2017 年底，我国使用网上支付的用户规模达到 5.31 亿。随着移动端的迅速普及，2018 年我国手机支付用户规模达到 5.7 亿，这为第三方支付的发展提供了坚实的用户基础。

我国第三方支付的发展主要有两个阶段：第一阶段是在 2010 年以前，在这个阶段第三方支付开始兴起，第三方支付公司抓住电商发展的良机拓展业务，市场初具规模；2010 年之后是其发展的第二阶段，这时我国开始对第三方支付实行管理，颁发了第三方支付牌照，极大地促进了第三方支付业务的发展，此时市场开始细分，其业务涵盖了生活的各个方面。第三方支付在此阶段得以普及，许多传统行业的运营开始在与互联网的结合中不断创新，而运营模式创新的同时也带来了支付方式的创新。大量线上线下商家加入到使用第三方支付平台的大军中。

根据统计数据，2010 年第三方支付的交易规模达 5.1 万亿元，其中互联网交易额 10104.8 亿元，比 2009 年增加 100.1%，到 2014 年，行业交易额达 23.3 万亿元，互联网交易额为 80767 亿元，同比增长 50.3%。值得注意的是，近几年随着移动智能手机、手环等终端设备及移动无线网络的普及,个人消费的主要支付方式也从 PC 端逐渐转移到移动端,第三方支付市场的移动支付交易额从 2010 年的 442.2 亿元发展到了 2014 年的 80130 亿元。2016 年以后,移动支付份额开始迅速增加,成为第三方支付的主力,如图 3-2 所示。

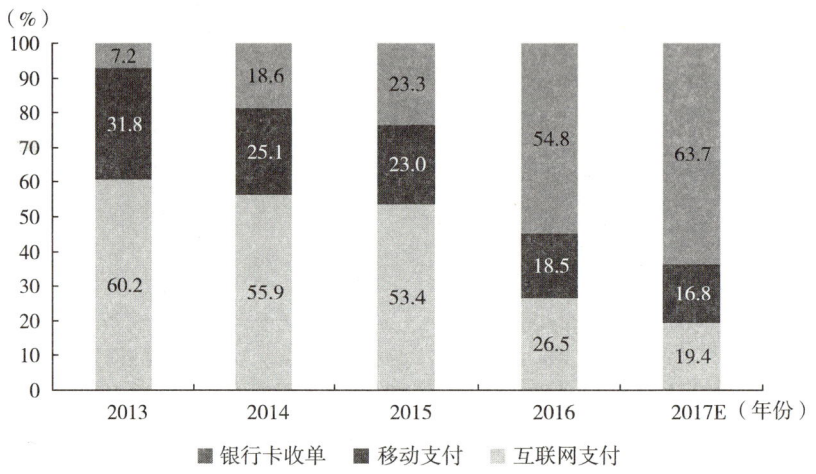

图 3-2　2013～2020 年中国第三方支付市场交易规模结构

资料来源:中国报告网。

移动互联网的快速发展,使各支付公司都积极布局移动端,如图 3-3、图 3-4 所示。2015 年支付宝用户移动端支付占比已超过半数,达到 68% 的比例,PC 端的用户黏性不断下降,互联网交易规模增速有所放缓,相较于 2014 年,支付宝 2015 年的市场份额降至 47.5%。财付通则进行金融战略升级,构建开放合作的平台,依托微信和 QQ 社交工具,拓展支付场景,将移动支付与互联网支付相结合,为用户进行全方位的支付理财服务,并取得了不错的成绩,2015 年的市场份额达到 20%。而京东拥有以支付为基础的七大业务线,结合自身电商优势,加快互联网金融的布局,拓展京东金融版图,2015 年京东支付市场份额占 2%,未来将更具发展潜力。同样,P2P 行业虽然面临行业监管和规范化发展,但整体交易规模仍呈现出较高增长态势,汇付天下、易宝支付及宝付因此获得较快增长。另外,作为电商巨头之一的苏宁也在积极拓展金融板块,易付宝作为其底层支付,获得较快的发展,2015 年市场份额占 1.2%。此外,各支付企业深耕于航旅、电商 B2B、供应链、互联网金融等领域,如易宝支付、快钱、中金支付等，为 B 端企业提供较为完善的第三方支付行业解决方案，帮助企业提高支付效率，加强对资金的管理，不仅有助于促进行业支付水平的提高，也有助于提升支付企业自身的服务水平，扩大自身在行业中的影响力和竞争力。

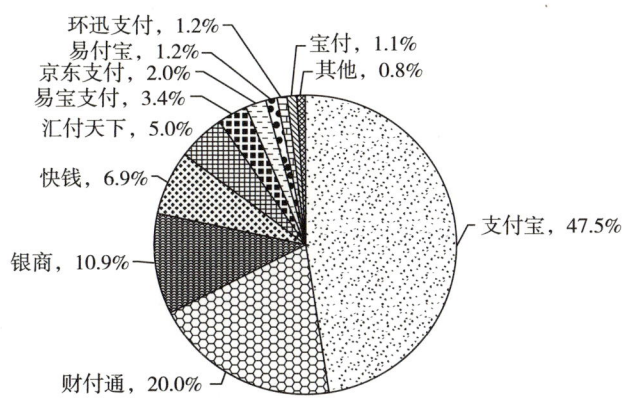

图 3-3 2015 年中国第三方互联网支付交易规模市场份额

注：①互联网支付是指客户通过桌式电脑、便携式电脑等设备，依托互联网发起支付指令，实现货币资金转移的行为；②统计企业中不含银行、银联，仅指规模以上非金融机构支付企业；③2015Q4 中国第三方互联网支付交易规模为 35481.3 亿元；④艾瑞根据最新掌握的市场情况，对历史数据进行修正。

资料来源：艾瑞综合企业及专家访谈，根据艾瑞统计模型核算。

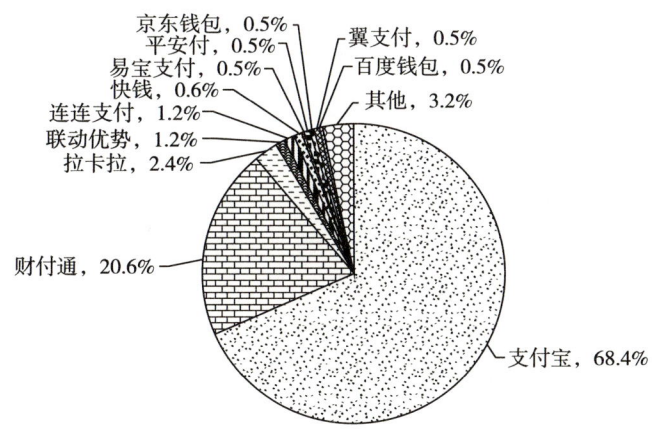

图 3-4 2015 年中国第三方移动支付交易规模市场份额

注：①统计企业类型中不含银行和中国银联，仅指第三方支付企业；②艾瑞根据最新掌握的市场情况，对历史数据进行修正；③2015 年 Q4 中国第三方移动支付交易规模为 31906.5 亿元。

资料来源：艾瑞综合企业及专业访谈，根据艾瑞统计模型核算及预估数据。

2015年，凭借电商、支付宝转账和余额宝等优势产品，支付宝在交易额快速增长的同时继续保持交易规模行业第一的态势。但我们也应看到，支付宝的市场份额出现一定程度的缩水，市场上其他支付公司的份额有所上升。这种交易规模的变动来自于各家企业交易额增速的差异。凭借日常高频使用的微信支付和下半年开始发力的QQ钱包，财付通在有效吸引市场支付需求存量的同时也创造了大量新的支付需求，红包、转账、手机充值等业务的交易额呈现出爆发式增长的趋势。随着打造综合金融服务平台战略的推进，拉卡拉也开始在移动端发力，从日常支付的角度切入，推出拉卡拉手环等产品。凭借独特的公司背景，联动优势继续发展大客户，由此带动了业绩的增长。虽然2015年末由于行业负面事件集中爆发等事件的影响，P2P等互联网金融业务的增速受到了一定影响，但从全年的时间维度看，互联网金融依旧保持快速增长态势，连连支付、易宝支付也因此取得了快速增长的业绩。凭借万达旗下的商业支付场景和基于万达优质金融资产推出的理财产品，快钱在2015年取得了不错的业绩。平安付旗下的壹钱包以月均一次的更新速度对App进行反复优化，在用户体验等方面取得了明显提升，并在依托平安优质资产的背景下取得了移动支付交易额的快速增长。尤其值得注意的是2015年初从网银钱包改名而来的京东钱包，在改名之后，京东钱包推出了大量理财产品，并配合京东整体集团架构提供相应的金融配套服务，在市场上崭露头角。在保证原有转账、充值等业务交易额的同时，翼支付推出的甜橙理财系列产品凭借较高的收益率吸引了用户资金，并取得了业绩的增长。凭借胡歌的明星效应，百度钱包迅速打开市场，并通过外卖等场景扩大用户量，利用糯米转化用户，进而提升交易量。2018年，银联云闪付以大量的补贴和优势地位开始迅速分割移动第三方支付市场。此外，支付企业在垂直领域市场的竞争开始出现差异化特征，部分原先未曾涉及支付业务的互联网企业也从集团利益出发，以独特角度切入该市场，并取得了不错的成绩。例如，易付宝凭借苏宁集团的电商平台资源切入市场，并推出其他配套金融服务，获得了较好的市场反响。

从以上数据可以看到，现在的第三方支付市场在发展中充满了变数和机遇。首先，随着第三方支付牌照的发放，其可信度增加，开始涉及话费充值及水电煤气缴费等生活的方方面面，使第三方支付变得生活化，这势必会使其应用场景更加丰富，提高用户的黏度，积累用户大数据；其次，平板电脑、智能手机等终端的发展极大地促进了移动支付市场的发展，使第三方支付变得移动化，由此可以打通线上线下支付障碍，实现两者的融合；再次，第三方支付企业占据信息积累的优势，开始涉及保险、基金等金融服务，使第三方支付金融化；最后，未来的主流支付企业将向着综合性支付企业发展，提供一站式的解决方案，而同时会有一些企业以特色业务为依托进行竞争，第三方支付行业将更加多元化。总体来说，第三方支付将经历以清算业务为主的快捷支付阶段，以信用支付、小额信贷为主的信用服务阶段，以信息流、支付流等数据流为基础的数据营销阶段，形成以支付结算为基础，以数据流生成和风险控制为核心的新型金融机构。

（四）第三方支付存在的问题

虽然近几年O2O商业模式与第三方支付发展迅猛，但第三方支付还存在一些漏洞，尤其是在消费者权益方面，第三方支付的保障力度还不够。网上支付比传统支付方式的技术性更强，相对于服务提供商，消费者处于技术弱势地位。传统的《合同法》《侵权法》难以充分保障网络交易中消费者的合法权益。比如，一些公司会在服务协议里将更多的责任和不公平条款强加给客户，而客户在接受服务时必须选择接受该条款，一旦发生意外事项，服务商则可通过这些条款免责。另外，现阶段我国第三方支付平台是通过限制卖家的某些权利来保证消费者利益的，这有违我国《民法》的公平、平等原则，比如支付宝交易规则中的买家满意后确认付款，一旦发生恶意退款，卖家将处于不利地位。而消费者是第三方支付服务的对象，只有消费者的权益获得保障、消费者体验得到满足的情况下，第三方支付平台才能留住顾客，进而获得长足发展。

二、不同第三方支付平台的顾客体验差异

目前市场上的第三方支付平台有支付宝、财付通、易宝支付、快钱、银联商务、贝宝、拉卡拉、汇付天下、环迅支付等，它们在互联网支付和移动支付之间展开激烈竞争。对于这些平台来说，只有满足了顾客的消费体验和感受，才能吸引和长期留住消费者，最终在众多竞争者中生存下来。那么，在使用这些第三方支付平台时，不同的第三方支付平台在顾客体验方面的差异如何？顾客主要关注的是平台的哪些功能？为什么选择某一第三方支付平台而不是其他的？顾客使用某第三方支付平台的体验如何？第三方支付平台应该如何改进才能吸引更多使用者？以上这些都是本书要探究的问题，研究结论可为行业中第三方支付平台的顾客体验建设提供一定的参考依据，促进我国第三方支付行业更快、更好地发展，

同时也能够提升消费者的购物消费幸福感。

（一）研究对象

本部分内容的研究对象为不同第三方支付平台的顾客体验。在第三方支付平台的选取上，搜索2014～2016年三年中国第三方互联网支付交易规模市场份额，每年交易规模市场份额的前四为支付宝、财付通（微信支付）、银联商务和快钱，近三年的市场份额占总规模的83%以上。由于智能手机的运用与快速普及，移动支付市场规模也不容小觑，因此又查阅2014～2016年三年中第三方移动支付交易规模市场份额，每年交易规模前三位是支付宝、财付通（微信支付）和拉卡拉，占总规模的89%以上。综合第三方互联网支付与移动支付，选取支付宝、财付通（微信支付）、银联支付、快钱和拉卡拉五个第三方支付平台作为本部分的研究对象。不管是互联网支付还是移动支付，支付宝和财付通（微信支付）的交易规模都是前两位，又选取互联网支付排名第三和第四的银联商务和快钱、移动支付排名第三的拉卡拉，至此，在研究对象的选取上覆盖较为全面。

（二）调查问卷量表设计

本部分调查问卷的量表设计主要在文献回顾的基础上，根据前人的成熟量表进行架构。关于顾客体验的量表已经相当成熟，鉴于国内外市场环境的不同，本部分选取我国学者结合我国市场实际生成的新量表进行研究。同时，因为关于第三方支付平台这一细分行业的量表涉及的顾客体验研究较少，而对其上一级行业——服务业的研究较多，所以本研究采取服务行业顾客体验的成熟量表（李建州和范秀成，2006），并结合第三方支付平台的特征，对顾客体验维度进行划分。

本部分研究将顾客体验划分为功利体验、情感体验和社会体验三个维度。其中，功利体验分为服务产品、服务环境和员工服务三个子维度；情感体验分为积极情感体验和消极情感体验两个子维度；社会体验由四个问项测量，主要测量顾客将第三方支付平台与自我联系及对其认可的程度。问卷表述均来自于相关文献和量表，问项共计36个。针对体验的所有问项均采用李克特5分量表，测量受试者对所填问题的反应程度，其中1代表非常不同意，2代表比较不同意，3代表不确定，4代表比较同意，5代表非常同意。问卷第二部分为受试者的人口统计特征情况，包括受试者的性别、年龄、受教育程度、职业和可支配收入五个方面（见附录）。具体的顾客体验维度的量表如表3-1所示。

第三章 O2O商业模式下不同第三方支付平台的顾客体验维度差异

表 3-1 顾客体验维度

功利体验	服务产品	核心产品	我认为此第三方支付平台技术很可靠
			此平台为我提供了有价值的产品和服务
			我信任平台的安全程序
			使用此第三方支付使我能够更快地完成各种交易和买卖活动
			总的来说,在此平台上进行交易很划算
		附加服务	我有很多种渠道可以在此平台上寻求帮助
			此平台满足我需求的总体能力很强
			此平台为我提供的服务周到且富有个性化
		便利	我可以很容易地在此平台上获取信息
			此平台的不同页面之间切换方便
			平台导航具有逻辑性
			我觉得此第三方支付平台的操作很简单
			我认为此平台的操作很人性化
	服务环境		此第三方支付平台的设计很独特
			此第三方支付平台操作界面设计友好,很容易看明白
			此第三方支付平台设计美观,具有一定视觉吸引力
	员工服务	服务意愿	当我遇到问题时,此第三方支付平台的客服人员乐于帮助我,并为我提供快捷服务
		态度	平台客服人员的服务态度彬彬有礼
			平台客服人员高度重视客户请求
		及时性	平台客服人员可以及时处理我的问题
		准确性	平台客服人员能有效解决我的问题
情感体验	积极情感		使用此第三方支付增添了我与他人互动交流的乐趣
			我愿意在此第三方支付平台上浏览更长时间
			我会向其他人推荐此平台
			与其他第三方支付平台相比,此平台的服务更令我满意
	消极情感		我以后不会再使用此第三方支付平台
			此平台的服务令人非常不满意
社会体验			此第三方支付平台的客户维护使我感觉受到重视
			使用此第三方支付平台能够体现我的身份
			我使用此平台是因为周围很多人都在使用
			使用此平台让我觉得自己很酷

(三) 调查问卷的发放与回收

本研究共发放问卷 320 份，回收有效问卷 302 份，有效回收率为 94.4%。其中，支付宝用户填写 70 份，财付通（微信）用户填写 72 份，银联商务用户填写 69 份，快钱用户填写 57 份，拉卡拉用户较少，填写 34 份。

在本次回收的 302 份有效问卷中，女性样本数为 159，占样本总量的 52.65%；样本年龄较为分散，其中年龄段在 25～34 岁的较多，有 166 位，占样本总量的 55%；被调查者学历多集中在本科，有 210 位，占样本总量的 69.54%；被调查者多为上班族，有 246 位，占样本总量的 81.46%，另外还有部分学生与自由职业者；被调查者月可支配收入在 3000 元以上者较多，有 167 位，占样本总量的 55.3%，月可支配收入在 1000 元以下的样本最少，占样本总量的 3.64%。不同支付平台的具体用户数据如表 3-2 所示。

表 3-2　样本基本信息及比例　　　　　　　　单位：位

		支付宝	财付通	银联商务	快钱	拉卡拉
性别	男	31 (44.3%)	34 (47.2%)	28 (40.6%)	31 (54.4%)	19 (55.9%)
	女	39 (55.7%)	38 (52.8%)	41 (59.4%)	26 (45.6%)	15 (44.1%)
年龄	18 岁以下	1 (1.4%)	1 (1.4%)	0 (0.0%)	0 (0.0%)	0 (0.0%)
	18～24 岁	15 (21.4%)	14 (19.4%)	14 (20.3%)	8 (14.0%)	6 (17.6%)
	25～34 岁	37 (52.9%)	35 (48.6%)	50 (72.5%)	30 (52.6%)	14 (41.2%)
	35～44 岁	13 (18.6%)	17 (23.6%)	4 (5.8%)	15 (26.3%)	12 (35.3%)
	45 岁及以上	5 (5.7%)	4 (6.9%)	1 (1.4%)	4 (7.0%)	2 (5.9%)
学历	高中及以下	3 (4.3%)	2 (2.8%)	1 (1.4%)	2 (3.5%)	1 (2.9%)
	中专/大专	9 (12.9%)	11 (15.3%)	13 (18.8%)	10 (17.5%)	4 (11.8%)

第三章 O2O 商业模式下不同第三方支付平台的顾客体验维度差异

续表

		支付宝	财付通	银联商务	快钱	拉卡拉
学历	本科	49 (70.0%)	52 (72.2%)	42 (60.9%)	42 (73.7%)	25 (73.5%)
	硕士研究生	8 (11.4%)	7 (9.7%)	9 (13.0%)	3 (5.3%)	4 (11.8%)
	博士研究生	1 (1.4%)	0 (0.0%)	4 (5.8%)	0 (0.0%)	0 (0.0%)
职业	学生	14 (20.0%)	12 (16.7%)	3 (4.3%)	5 (8.8%)	3 (8.8%)
	上班族	55 (78.6%)	55 (76.4%)	60 (87.0%)	48 (84.2%)	28 (82.4%)
	自由职业者	1 (1.4%)	5 (6.9%)	6 (8.7%)	4 (7.0%)	3 (8.8%)
月可支配收入	1000元及以下	6 (8.6%)	3 (4.2%)	0 (0.0%)	2 (3.5%)	1 (2.9%)
	1001~2000元	18 (25.7%)	16 (22.2%)	9 (13.0%)	4 (7.0%)	5 (14.7%)
	2001~3000元	16 (22.9%)	16 (22.9%)	13 (18.8%)	17 (29.8%)	9 (26.5%)
	3000元以上	30 (42.9%)	37 (51.4%)	47 (68.1%)	34 (59.6%)	19 (55.9%)
人数		70	72	69	57	34

由表 3-2 可知，样本总体上比较均衡，男女比例适当，大多数为工作人员，并有固定收入，具有代表性。

（四）调查问卷信效度分析

1. 信度分析

信度（Reliability）又称可靠性，信度越高，代表同一个量表内不同问项所测量到的结果受误差的影响越小。本部分选择 Cronbach' α 系数法进行信度测量，该方法在测量关于态度、意见等方面内容问卷的信度时非常有效。判断标准如下：总量表的系数最好在 0.8 以上，如果系数在 0.7~0.8，则在可接受范围内；

分量表的系数最好在 0.7 以上,如果在 0.6~0.7 也是可以接受的。

经过了前测问卷的修改调整,再次使用 SPSS 分析,支付宝、财付通、银联商务、快钱和拉卡拉样本问卷总体的 Cronbach's α 值分别为 0.897、0.87、0.891、0.927 和 0.828,同时由表 3-3 可见,各测量变量也通过了信度检验,因此,有理由认为本次调研的问卷具有较高的可信度,满足实证研究的要求。

表 3-3 样本信度分析结果汇总

测量变量	项目数	Cronbach's α 值				
		支付宝	财付通	银联商务	快钱	拉卡拉
核心产品	5	0.886	0.878	0.776	0.922	0.778
附加服务	3	0.781	0.807	0.649	0.805	0.828
便利	5	0.816	0.902	0.881	0.912	0.832
服务环境	3	0.890	0.838	0.854	0.875	0.795
员工服务	5	0.893	0.728	0.762	0.832	0.754
积极情感	4	0.832	0.854	0.892	0.912	0.929
消极情感	2	0.968	0.947	0.970	0.959	0.977
社会体验	4	0.821	0.883	0.855	0.906	0.918

2. 效度分析

效度是指通过测量工具得到的结果与预想结果的吻合程度,吻合程度越高,效度也越高。根据前人的研究,评价效度高低与否的常用类型有内容效度、建构效度等。对于内容效度,一般在前人有关研究成果的基础上设计问卷即可有效保证。而对于构建效度,需要通过因子分析进行检验。因子分析包括两种方法:验证性因子分析与探索性因子分析。本研究先进行探索性因子分析,具体步骤为:先对每部分变量进行 KMO 样本测度和 Bartlett 球形度检验,判断数据是否适合进行因子分析,之后再进行探索性因子分析。表 3-4 综述了 KMO 值检验和 Bartlett 球形度检验的定义及判定标准。

表 3-4 KMO 值检验和 Bartlett 球形度检验的定义与描述

术语	定义与描述
KMO 检验	Kaiser 为该值设定的检验标准是:>0.9 非常合适,>0.8 很合适,>0.6 比较合适,0.6 以下不合适

第三章 O2O 商业模式下不同第三方支付平台的顾客体验维度差异

续表

术语	定义与描述
Bartlett 球形度检验	当显著性概率 < 0.05 时表明不会生成单位矩阵，且近似为多元正态，适合因子分析

然后，我们通过探索性因子分析检验问卷的效度，得到支付宝、财付通、银联商务、快钱和拉卡拉数据的 KMO 值分别为 0.679、0.771、0.679、0.779 和 0.677，并均通过 Bartlett 球形度检验（$p < 0.000$），说明数据具有因子分析的条件。接下来以支付宝数据为例，采用主成分因子分析方法提取 8 个因子，累计解释方差为 71.072%。方差最大化正交旋转因子载荷矩阵如表 3-5 所示（仅列出大于 0.5 的载荷系数），将项目归并到相应的因子中。

表 3-5 支付宝旋转因子载荷矩阵

维度	体验项目	因子1	因子2	因子3	因子4	因子5	因子6	因子7	因子8
核心产品	技术可靠	0.696							
	产品价值	0.602							
	程序安全	0.722							
	总体划算	0.551							
附加服务	有效帮助		0.812						
	需求满足		0.761						
便利	信息获取			0.731					
	逻辑清楚			0.801					
	操作简单			0.662					
	人性化			0.569					
服务环境	设计独特				0.674				
	界面友好				0.775				
	吸引力				0.792				
员工服务	重视顾客					0.698			
	及时性					0.580			
	准确性					0.730			
积极情感	交流乐趣						0.559		
	更长停留						0.722		
	偏好						0.587		

续表

维度	体验项目	因子1	因子2	因子3	因子4	因子5	因子6	因子7	因子8
消极体验	不再使用							0.846	
	不满意							0.780	
社会体验	被重视								0.659
	体现身份								0.544
	自豪感								0.519

用同样的方法分别对财付通、银联商务、快钱和拉卡拉数据进行效度检验，提取的8个因子的累计解释方差分别为71.64%、68.675%、76.083%和76.337%，按照同样的方法获取正交旋转因子载荷矩阵并对项目进行分类归并，在此不再赘述。各表项目分类后提取的第一主成分对各自体验维度的方差贡献率都大于0.65，表明问卷具有好的结构效度。

(五) 不同第三方支付平台体验维度差异分析

1. 不同第三方支付平台在功利体验维度上的差异分析

在功利体验方面，主要分析服务产品中的核心产品、附加服务、便利、服务环境和员工服务五个方面。为了便于分析，在此均利用平均数进行比较。

(1) 核心产品方差分析。对问卷数据进行方差齐性检验，检验结果如表3-6所示。

表3-6 核心产品方差齐性检验

Levene统计量	df1	df2	显著性
1.946	4	297	0.103

在方差齐性检验中，核心产品 $p = 0.103 > 0.05$，具有方差齐性，说明支付宝、财付通、银联商务、快钱和拉卡拉五个第三方支付平台的核心产品方差无显著差异，符合方差分析法的前提条件，进而可以继续分析。

在表3-7中，核心产品的F统计值为5.632，F统计值的显著性概率为 $0.000 < 0.05$，可以认为支付宝、财付通、银联商务、快钱和拉卡拉五个第三方支付平台的核心产品用户体验之间存在显著差异。为了进一步分析其具体差异，在此做了两两比较，如表3-8所示。

第三章 O2O 商业模式下不同第三方支付平台的顾客体验维度差异

表 3-7 ANOVA 方差分析

	平方和	df	均方	F	显著性
组间	6.324	4	1.581	5.632	0.000
组内	83.370	297	0.281		
总数	89.694	301			

表 3-8 多重比较的 LSD 结果分析

(I) 第三方	(J) 第三方	均值差 (I-J)	标准误	显著性	95% 置信区间	
					下限	上限
支付宝	财付通	-0.05587	0.08893	0.530	-0.2309	0.1191
	银联商务	-0.32447	0.08988	0.000	-0.5014	-0.1476
	快钱	-0.32020*	0.09452	0.001	-0.5062	-0.1342
	拉卡拉	-0.04672	0.11075	0.673	-0.2647	0.1712
财付通	支付宝	0.05587	0.08893	0.530	-0.1191	0.2309
	银联商务	-0.26860*	0.08926	0.003	-0.4443	-0.0929
	快钱	-0.26433*	0.09393	0.005	-0.4492	-0.0795
	拉卡拉	0.00915	0.11025	0.934	-0.2078	0.2261
银联商务	支付宝	0.32447*	0.08988	0.000	0.1476	0.5014
	财付通	0.26860*	0.08926	0.003	0.0929	0.4443
	快钱	0.00427	0.09483	0.964	-0.1824	0.1909
	拉卡拉	0.27775*	0.11102	0.013	0.0593	0.4962
快钱	支付宝	0.32020*	0.09452	0.001	0.1342	0.5062
	财付通	0.26433*	0.09393	0.005	0.0795	0.4492
	银联商务	-0.00427	0.09483	0.964	-0.1909	0.1824
	拉卡拉	0.27348*	0.11481	0.018	0.0475	0.4994
拉卡拉	支付宝	0.04672	0.11075	0.673	-0.1712	0.2647
	财付通	-0.00915	0.11025	0.934	-0.2261	0.2078
	银联商务	-0.27775*	0.11102	0.013	-0.4962	-0.0593
	快钱	-0.27348*	0.11481	0.018	-0.4994	-0.0475

注：*表示均值差的显著性水平为 0.05。

在两两比较的 LSD 表中可以看出，支付宝与银联商务和快钱的差异显著性分别为 0.000 和 0.001，均小于 0.05；财付通与银联商务和快钱的显著性分别为 0.003 和 0.005，均小于 0.05；拉卡拉与银联商务和快钱的显著性分别为 0.013 和 0.018，均小于 0.05。而支付宝、财付通与拉卡拉之间的显著性均大于 0.05，银联商务与快钱之间的显著性也大于 0.05。由此可知，在 0.05 的显著性水平下，支付宝、财付通、拉卡拉和银联商务、快钱之间在核心产品上具有显著差异；支付宝、财付通与拉卡拉之间没有显著差异；银联商务与快钱之间没有显著差异。更直观的差异体现如图 3-5 所示。

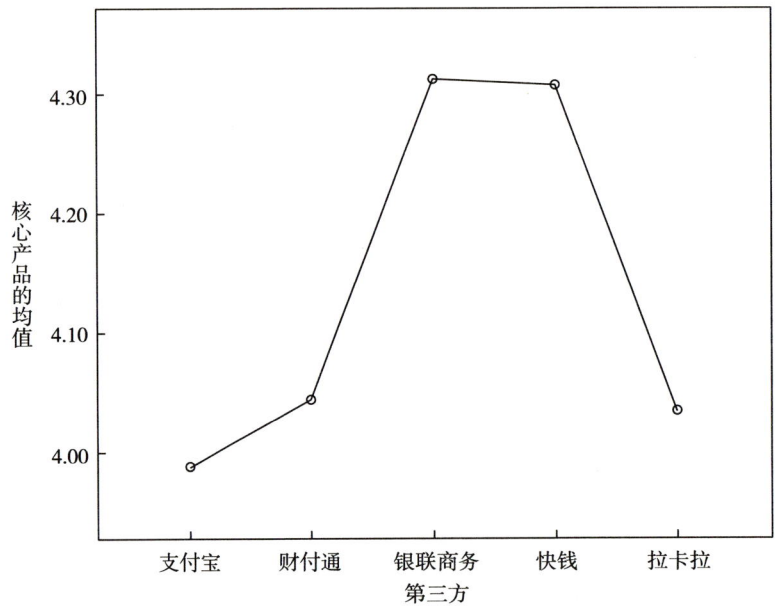

图 3-5　核心产品均值

由图 3-5 可清晰看出，在核心产品方面，银联商务和快钱拥有较好的顾客体验，而支付宝、财付通与拉卡拉的顾客体验相对来说稍差一些，并且经过方差分析可知这种差异是显著的。出现这种结果的原因可能在于样本中商务人士居多，工作中使用银联商务和快钱的比例较高，而银联和快钱的主要客户也是商用客户，核心产品做得比其他几个支付工具更好。

（2）附加服务方差分析。对附加服务项目进行方差齐性检验，结果如表 3-9 所示。

第三章 O2O商业模式下不同第三方支付平台的顾客体验维度差异

表3-9 附加服务方差齐性检验

Levene 统计量	df1	df2	显著性
0.964	4	297	0.427

附加服务方差齐性检验中,附加服务 $p=0.427>0.05$,具有方差齐性,说明支付宝、财付通、银联商务、快钱和拉卡拉五个第三方支付平台的附加服务方差无显著差异,符合方差分析法的前提条件,进而可以继续分析(见表3-10)。

表3-10 ANOVA方差分析

	平方和	df	均方	F	显著性
组间	35.815	4	8.954	34.722	0.000
组内	76.587	297	0.258		
总数	112.402	301	—		

在表3-10中,核心产品的F统计值为34.722,F统计值的显著性概率为$0.000<0.05$,可以认为支付宝、财付通、银联商务、快钱和拉卡拉五个第三方支付平台的附加服务用户体验之间存在显著差异。进一步分析其具体差异,如表3-11所示。

表3-11 多重比较的LSD分析

(I)第三方	(J)第三方	均值差(I-J)	标准误	显著性	95%置信区间	
					下限	上限
支付宝	财付通	0.00853	0.10082	0.933	-0.1899	0.2069
	银联商务	0.85062*	0.10189	0.000	0.6501	1.0511
	快钱	0.71942*	0.10716	0.000	0.5085	0.9303
	拉卡拉	0.71891*	0.12555	0.000	0.4718	0.9660
财付通	支付宝	-0.00853	0.10082	0.933	-0.2069	0.1899
	银联商务	0.84209*	0.10119	0.000	0.6430	1.0412
	快钱	0.71089*	0.10649	0.000	0.5013	0.9205
	拉卡拉	0.71038*	0.12498	0.000	0.4644	0.9563
银联商务	支付宝	-0.85062*	0.10189	0.000	-1.0511	-0.6501
	财付通	-0.84209*	0.10119	0.000	-1.0412	-0.6430

续表

（I）第三方	（J）第三方	均值差（I-J）	标准误	显著性	95%置信区间	
					下限	上限
银联商务	快钱	-0.13120	0.10750	0.223	-0.3428	0.0804
	拉卡拉	-0.13171	0.12585	0.296	-0.3794	0.1160
快钱	支付宝	-0.71942*	0.10716	0.000	-0.9303	-0.5085
	财付通	-0.71089*	0.10649	0.000	-0.9205	-0.5013
	银联商务	0.13120	0.10750	0.223	-0.0804	0.3428
	拉卡拉	-0.00052	0.13015	0.997	-0.2567	0.2556
拉卡拉	支付宝	-0.71891*	0.12555	0.000	-0.9660	-0.4718
	财付通	-0.71038*	0.12498	0.000	-0.9563	-0.4644
	银联商务	0.13171	0.12585	0.296	-0.1160	0.3794
	快钱	0.00052	0.13015	0.997	-0.2556	0.2567

注：*表示均值差的显著性水平为0.05。

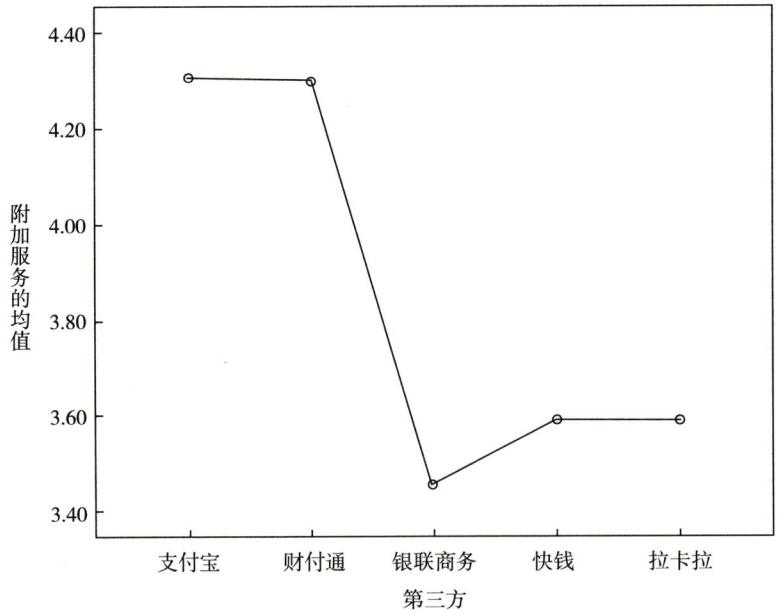

图3-6 附加服务均值

从表 3-11 中可以看出，在附加服务的顾客体验方面，在 0.05 的显著性水平下，支付宝与财付通之间无显著差异，银联商务、快钱与拉卡拉之间也无显著差异，而支付宝、财付通和银联商务、快钱、拉卡拉之间在核心产品上具有显著差异，更直观的差异体现如图 3-6 所示。

由图 3-6 可清晰看出，在附加服务方面，支付宝和财付通拥有较好的顾客体验，而银联商务、快钱与拉卡拉的顾客体验明显差得多，这种结果表明支付宝和财付通在提供附加服务方面具有显著优势，而其他支付平台需要大力改进。

(3) 便利性方差分析。对服务产品中的便利性进行方差齐性检验，结果如表 3-12 所示。

表 3-12 便利性方差齐性检验

Levene 统计量	df1	df2	显著性
0.763	4	297	0.550

便利方差齐性检验中，便利性 $p = 0.550 > 0.05$，具有方差齐性，说明支付宝、财付通、银联商务、快钱和拉卡拉五个第三方支付平台顾客体验的便利性方差无显著差异，符合方差分析法的前提条件，进而可以继续分析。

在表 3-13 中，便利性的 F 统计值为 2.948，F 统计值的显著性概率为 $0.021 < 0.05$，可以认为支付宝、财付通、银联商务、快钱和拉卡拉五个第三方支付平台的便利性方面的用户体验之间存在显著差异。进一步分析其具体差异，如表 3-14 所示。

表 3-13 ANOVA 方差分析

	平方和	df	均方	F	显著性
组间	3.685	4	0.921	2.948	0.021
组内	92.810	297	0.312		
总数	96.495	301	—		

表 3-14　多重比较的 LSD 分析

（I）第三方	（J）第三方	均值差 (I-J)	标准误	显著性	95%置信区间	
					下限	上限
支付宝	财付通	0.26500*	0.09383	0.005	0.0803	0.4497
	银联商务	0.27478*	0.09483	0.004	0.0882	0.4614
	快钱	0.17684	0.09973	0.077	-0.0194	0.3731
	拉卡拉	0.27529*	0.11685	0.019	0.0453	0.5053
财付通	支付宝	-0.26500*	0.09383	0.005	-0.4497	-0.0803
	银联商务	0.00978	0.09418	0.917	-0.1756	0.1951
	快钱	-0.08816	0.09911	0.374	-0.2832	0.1069
	拉卡拉	0.01029	0.11632	0.930	-0.2186	0.2392
银联商务	支付宝	-0.27478*	0.09483	0.004	-0.4614	-0.0882
	财付通	-0.00978	0.09418	0.917	-0.1951	0.1756
	快钱	-0.09794	0.10006	0.328	-0.2948	0.0990
	拉卡拉	0.00051	0.11713	0.997	-0.2300	0.2310
快钱	支付宝	-0.17684	0.09973	0.077	-0.3731	0.0194
	财付通	0.08816	0.09911	0.374	-0.1069	0.2832
	银联商务	0.09794	0.10006	0.328	-0.0990	0.2948
	拉卡拉	0.09845	0.12113	0.417	-0.1399	0.3368
拉卡拉	支付宝	-0.27529*	0.11685	0.019	-0.5053	-0.0453
	财付通	-0.01029	0.11632	0.930	-0.2392	0.2186
	银联商务	-0.00051	0.11713	0.997	-0.2310	0.2300
	快钱	-0.09845	0.12113	0.417	-0.3368	0.1399

注：*表示均值差的显著性水平为 0.05。

从表 3-14 中可以看出，在便利的顾客体验方面，支付宝与财付通、银联商务、快钱、拉卡拉之间在 0.05 的显著性水平下存在显著差异。更直观的差异体现如图 3-7 所示。

由图 3-7 可清晰观察，在便利性方面，支付宝远远超过其他支付平台。

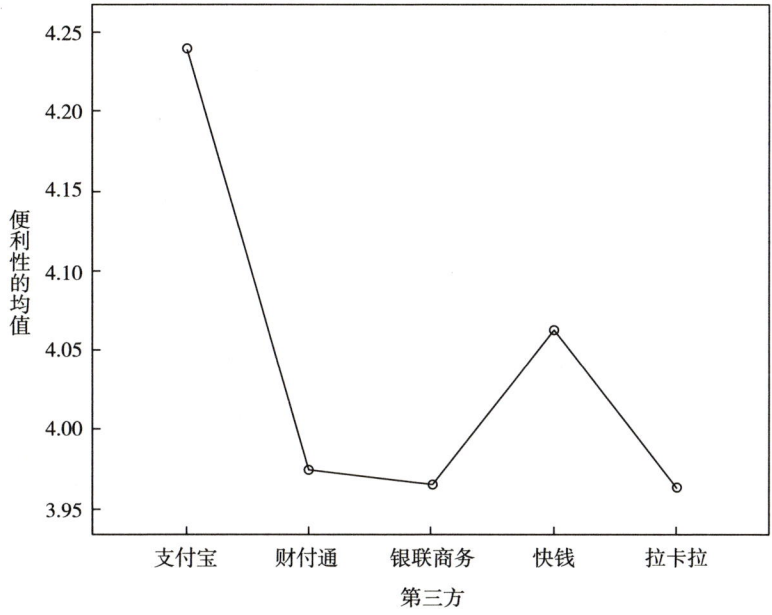

图 3-7　便利性均值

（4）服务环境方差分析。对服务环境进行方差齐性检验，检验结果如表 3-15 所示。

表 3-15　服务环境方差齐性检验

Levene 统计量	df1	df2	显著性
1.098	4	297	0.358

服务环境方差齐性检验中，服务环境 $p = 0.358 > 0.05$，具有方差齐性，说明支付宝、财付通、银联商务、快钱和拉卡拉五个第三方支付平台顾客体验的服务环境方差无显著差异，符合方差分析法的前提条件，进而可以继续分析。

在表 3-16 中，服务环境的 F 统计值为 5.161，F 统计值的显著性概率为 0.000 < 0.05，可以认为支付宝、财付通、银联商务、快钱和拉卡拉五个第三方支付平台的服务环境方面的用户体验之间存在显著差异。进一步分析其具体差异，如表 3-17 所示。

表 3-16 ANOVA 方差分析

	平方和	df	均方	F	显著性
组间	7.170	4	1.793	5.161	0.000
组内	103.155	297	0.347		
总数	110.325	301	—		

表 3-17 多重比较的 LSD 分析

（I）第三方	（J）第三方	均值差（I-J）	标准误	显著性	95% 置信区间	
					下限	上限
支付宝	财付通	0.32050*	0.09892	0.001	0.1258	0.5152
	银联商务	0.36418*	0.09998	0.000	0.1674	0.5609
	快钱	0.12874	0.10514	0.222	-0.0782	0.3357
	拉卡拉	0.00868	0.12320	0.944	-0.2338	0.2511
财付通	支付宝	-0.32050*	0.09892	0.001	-0.5152	-0.1258
	银联商务	0.04368	0.09929	0.660	-0.1517	0.2391
	快钱	-0.19176	0.10449	0.067	-0.3974	0.0139
	拉卡拉	-0.31182*	0.12263	0.012	-0.5532	-0.0705
银联商务	支付宝	-0.36418*	0.09998	0.000	-0.5609	-0.1674
	财付通	-0.04368	0.09929	0.660	-0.2391	0.1517
	快钱	-0.23544*	0.10548	0.026	-0.4430	-0.0279
	拉卡拉	-0.35550*	0.12349	0.004	-0.5985	-0.1125
快钱	支付宝	-0.12874	0.10514	0.222	-0.3357	0.0782
	财付通	0.19176	0.10449	0.067	-0.0139	0.3974
	银联商务	0.23544*	0.10548	0.026	0.0279	0.4430
	拉卡拉	-0.12006	0.12771	0.348	-0.3714	0.1313
拉卡拉	支付宝	-0.00868	0.12320	0.944	-0.2511	0.2338
	财付通	0.31182*	0.12263	0.012	0.0705	0.5532

续表

（I）第三方	（J）第三方	均值差（I-J)	标准误	显著性	95%置信区间	
					下限	上限
拉卡拉	银联商务	0.35550*	0.12349	0.004	0.1125	0.5985
	快钱	0.12006	0.12771	0.348	-0.1313	0.3714

注：*表示均值差的显著性水平为0.05。

从表3-17中可以看出，在服务环境的顾客体验方面，财付通与支付宝、拉卡拉之间的显著性分别为0.001、0.012，快钱与银联商务之间的显著性为0.026。据此可知，在0.05的显著性水平下，支付宝与快钱、拉卡拉之间无显著差异，财付通、银联商务之间也无显著差异，而支付宝、快钱、拉卡拉与银联商务之间在顾客的服务环境体验上具有显著差异，支付宝、拉卡拉与财付通之间也具有显著差异。更直观的差异体现如图3-8所示。

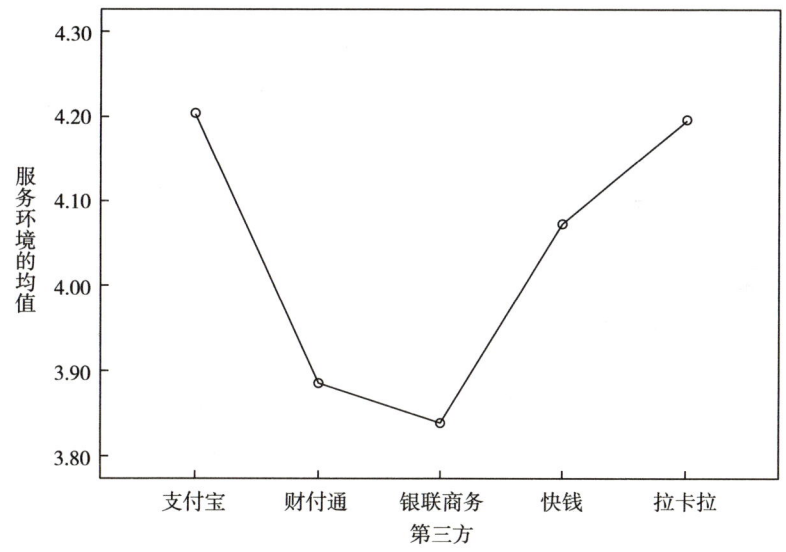

图3-8 服务环境均值

由图3-8可清晰观察，在服务环境方面，支付宝和拉卡拉得分最高，快钱次之。三个平台对顾客吸引力比较强，而财付通和银联商务的得分较低，具有较大的改进空间。

（5）员工服务方差分析。对员工服务进行方差齐性检验，检验结果如表3-18所示。

表3-18　员工服务方差齐性检验

Levene 统计量	df1	df2	显著性
0.702	4	297	0.591

在员工服务方差齐性检验中，员工服务 $p=0.591>0.05$，具有方差齐性，说明支付宝、财付通、银联商务、快钱和拉卡拉五个第三方支付平台顾客体验的员工服务方差无显著差异，符合方差分析法的前提条件，进而可以继续分析。

在表3-19中，员工服务的F统计值为2.611，F统计值的显著性概率为 $0.036<0.05$，可以认为支付宝、财付通、银联商务、快钱和拉卡拉五个第三方支付平台的员工服务方面的顾客体验之间存在显著差异。进一步分析其具体差异，如表3-20所示。

表3-19　ANOVA 方差分析

	平方和	df	均方	F	显著性
组间	2.509	4	0.627	2.611	0.036
组内	71.330	297	0.240		
总数	73.839	301	—		

表3-20　多重比较的 LSD 分析

（I）第三方	（J）第三方	均值差（I-J）	标准误	显著性	95%置信区间	
					下限	上限
支付宝	财付通	0.17778*	0.08226	0.031	0.0159	0.3397
	银联商务	0.24203*	0.08314	0.004	0.0784	0.4056
	快钱	0.20526*	0.08743	0.020	0.0332	0.3773
	拉卡拉	0.21765*	0.10244	0.034	0.0160	0.4193
财付通	支付宝	-0.17778*	0.08226	0.031	-0.3397	-0.0159
	银联商务	0.06425	0.08256	0.437	-0.0982	0.2267

续表

（I）第三方	（J）第三方	均值差（I-J）	标准误	显著性	95%置信区间	
					下限	上限
财付通	快钱	0.02749	0.08689	0.752	-0.1435	0.1985
	拉卡拉	0.03987	0.10198	0.696	-0.1608	0.2406
银联商务	支付宝	-0.24203*	0.08314	0.004	-0.4056	-0.0784
	财付通	-0.06425	0.08256	0.437	-0.2267	0.0982
	快钱	-0.03677	0.08772	0.675	-0.2094	0.1359
	拉卡拉	-0.02438	0.10269	0.812	-0.2265	0.1777
快钱	支付宝	-0.20526*	0.08743	0.020	-0.3773	-0.0332
	财付通	-0.02749	0.08689	0.752	-0.1985	0.1435
	银联商务	0.03677	0.08772	0.675	-0.1359	0.2094
	拉卡拉	0.01238	0.10619	0.907	-0.1966	0.2214
拉卡拉	支付宝	-0.21765*	0.10244	0.034	-0.4193	-0.0160
	财付通	-0.03987	0.10198	0.696	-0.2406	0.1608
	银联商务	0.02438	0.10269	0.812	-0.1777	0.2265
	快钱	-0.01238	0.10619	0.907	-0.2214	0.1966

注：*表示均值差的显著性水平为0.05。

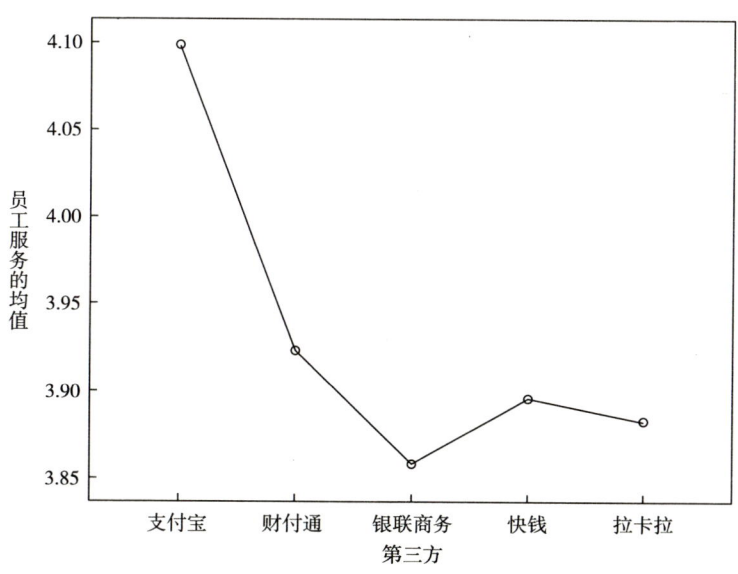

图3-9 员工服务均值

从表3-20中可以看出,在员工服务的顾客体验方面,支付宝与财付通、银联商务、快钱和拉卡拉之间的显著性分别为0.031、0.004、0.020和0.034,均小于0.05。据此可知,在0.05的显著性水平下,支付宝与财付通、银联商务、快钱、拉卡拉之间在顾客的员工服务体验上具有显著差异,而财付通、银联商务、快钱与拉卡拉之间无显著差异。更直观的差异体现如图3-9所示。

由图3-9可以清晰观察到,在员工服务方面,支付宝拥有较好的顾客体验,而财付通、银联商务、快钱和拉卡拉的顾客体验相对来说稍差一些,并且这种差异是显著的。

2. 不同第三方支付平台在情感体验上的差异分析

由于消极情感体验是为了问卷初步筛选而设置的相反提问项目,在此仅对不同第三方支付平台的顾客积极情感体验之间的差异做分析。对积极情感进行方差齐性检验,结果如表3-21所示。

表3-21 积极情感方差齐性检验

Levene 统计量	df1	df2	显著性
2.626	4	297	0.035

根据方差齐性分析,积极情感 $p = 0.035 < 0.05$,不具有方差齐性,即支付宝、财付通、银联商务、快钱和拉卡拉五个总体方差之间存在显著差异,因此不能使用两两比较LSD分析,这里改用Tamhane多重比较进行分析。

在表3-22中,统计值 $F = 2.656$,统计值F的显著性概率 $p = 0.033 < 0.05$,故支付宝、财付通、银联商务、快钱和拉卡拉五个第三方支付平台的积极情感方面的用户体验之间存在差异。由于未通过方差齐性检验,进一步分析其具体差异,如表3-23所示。

表3-22 ANOVA方差分析

	平方和	df	均方	F	显著性
组间	4.028	4	1.007	2.656	0.033
组内	112.620	297	0.379		
总数	116.648	301	—		

表 3-23　多重比较的 Tamhane 分析

（I）第三方	（J）第三方	均值差（I-J）	标准误	显著性	95％置信区间	
					下限	上限
支付宝	财付通	0.19474	0.09059	0.288	-0.0631	0.4526
	银联商务	0.28064*	0.09731	0.045	0.0033	0.5580
	快钱	0.27168	0.10702	0.120	-0.0349	0.5782
	拉卡拉	0.31954	0.13474	0.198	-0.0758	0.7148
财付通	支付宝	-0.19474	0.09059	0.288	-0.4526	0.0631
	银联商务	0.08590	0.10520	0.995	-0.2135	0.3853
	快钱	0.07694	0.11424	0.999	-0.2493	0.4032
	拉卡拉	0.12480	0.14055	0.991	-0.2849	0.5345
银联商务	支付宝	-0.28064*	0.09731	0.045	-0.5580	-0.0033
	财付通	-0.08590	0.10520	0.995	-0.3853	0.2135
	快钱	-0.00896	0.11964	1.000	-0.3503	0.3324
	拉卡拉	0.03890	0.14497	1.000	-0.3822	0.4600
快钱	支付宝	-0.27168	0.10702	0.120	-0.5782	0.0349
	财付通	-0.07694	0.11424	0.999	-0.4032	0.2493
	银联商务	0.00896	0.11964	1.000	-0.3324	0.3503
	拉卡拉	0.04786	0.15166	1.000	-0.3911	0.4868
拉卡拉	支付宝	-0.31954	0.13474	0.198	-0.7148	0.0758
	财付通	-0.12480	0.14055	0.991	-0.5345	0.2849
	银联商务	-0.03890	0.14497	1.000	-0.4600	0.3822
	快钱	-0.04786	0.15166	1.000	-0.4868	0.3911

注：*表示均值差的显著性水平为 0.05。

从表 3-23 中可以看出，在顾客的积极情感体验方面，支付宝与银联商务之间的显著性为 0.045，小于 0.05，而其他两两比较都无显著差异。据此可知，在 0.05 的显著性水平下，支付宝与银联商务之间在顾客的积极情感体验上具有显著差异，而财付通、快钱与拉卡拉之间无显著差异。

在情感体验的积极情感这一维度上，支付宝的顾客体验得分较高，银联商务得分最低，其他三项处于中间水平。银联商务、财付通、快钱与拉卡拉应该更加注重与顾客互动交流，增添平台带给顾客的乐趣。

3. 不同第三方支付平台在社会体验上的差异分析

本部分分析不同第三方支付平台在社会体验上的差异，首先对社会体验进行方差齐性检验，结果如表 3-24 所示。

表 3-24　社会体验方差齐性检验

Levene 统计量	df1	df2	显著性
2.279	4	297	0.061

社会体验方差齐性检验中，社会体验 $p = 0.061 > 0.05$，具有方差齐性，说明支付宝、财付通、银联商务、快钱和拉卡拉五个第三方支付平台顾客体验的社会体验方差无显著差异，符合方差分析法的前提条件，进而可以继续分析。

在表 3-25 中，社会体验的 F 统计值为 2.249，F 统计值的显著性概率为 $0.064 > 0.05$，因此可以认为支付宝、财付通、银联商务、快钱和拉卡拉五个第三方支付平台顾客的社会体验之间无显著差异。

表 3-25　ANOVA 方差分析

	平方和	df	均方	F	显著性
组间	4.190	4	1.048	2.249	0.064
组内	138.353	297	0.466		
总数	142.544	301	—		

本章研究的社会体验的项目包括顾客感受到被重视、体现身份和自豪感，造成这五个第三方支付平台社会体验差异不显著的一个可能原因是，被调查者因为喜欢、认同某一支付平台所以才会选择使用它，故而会造成对所使用的支付平台的社会体验这一维度得分普遍较高。

三、本章小结

（一）主要研究结论

在服务产品的核心产品方面，如平台技术支持、核心产品价值和程序安全等，银联商务与快钱的顾客体验得分较高，而支付宝、财付通与拉卡拉需更加重视核心产品的质量与安全维护；附加服务方面，如顾客获得有效帮助、平台满足顾客需求等，支付宝与财付通的顾客体验得分较高，而银联商务、快钱与拉卡拉需更加注重顾客需求进而改善平台、留住顾客；便利性方面，如获取信息的便捷性、界面切换和操作简单等，支付宝拥有最高的顾客体验得分，快钱处于中间水平，财付通、银联商务和拉卡拉需增加平台的便利性，从而更好地服务顾客；在服务环境方面，如平台设计、操作界面友好等，支付宝、拉卡拉和快钱的顾客体验得分较高，而财付通、银联商务需改善平台设计与操作界面等，进而提高服务环境的顾客体验；在员工服务方面，如服务意愿、服务态度、及时性与准确性等，支付宝的顾客体验得分最高，其他四者得分都偏低，需增加平台人员服务方面的投入。总体来说，支付宝在功利体验的各项维度得分都较高，而银联商务除了核心产品外，其他方面得分都较低。

在情感体验的积极情感这一维度上，支付宝的顾客体验得分较高，银联商务得分最低，其他三项处于中间水平。银联商务、财付通、快钱与拉卡拉应该更加注重与顾客互动交流，增添平台带给顾客的乐趣。

在社会体验方面，由于方差分析结果不显著，可以认为支付宝、财付通、银联商务、快钱和拉卡拉五个第三方支付平台顾客的社会体验之间无显著差异。

（二）建议

根据以上分析，对支付宝平台来说，除核心产品外，其他各体验维度得分都较领先，因此，支付宝应该突出自身的核心产品，做好核心产品的开发与维护，从而吸引更多的用户；对财付通来说，要同时做好核心产品、便利性、服务环境、员工服务方面的改进，突出平台的核心产品，设计更加友好的用户界面并且提供优质、有效的客户服务；对银联商务来说，需改进附加服务、便利性、服务环境和员工服务，为顾客提供更加便捷、快速的需求响应和人员服务；对快钱来说，主要做好附加服务、员工服务方面的改善，提供更快速的顾客需求反应；对拉卡拉来说，需在核心产品、附加服务、便利性等方面做出改进，突出平台产品特色，开发更加友好的用户界面。

对于消费者来说，如果追求较好的核心产品功能体验，可以选择银联商务或快钱；若追求需求被满足、问题解决及时性，则可选支付宝或财付通；对于老人和想快速学会使用支付平台的顾客来说，支付宝或快钱将是不错的选择；追求互动与乐趣体验的消费者可以选择支付宝。

(三) 研究不足与未来展望

首先是样本量上,由于问卷发放范围有限,导致各第三方支付平台的被调查者人数不一,尤其是拉卡拉,有效问卷仅有 34 份,数量较少可能会导致在接下来的分析中出现误差,进一步的研究可收取更多问卷数据进行分析以减少误差。其次是分析方法上,本部分仅使用单因素方差分析法对五个第三方支付平台不同顾客体验维度进行分析,进一步的研究可以使用不同分析方法进行深入研究。

第四章 第三方支付平台的顾客体验与顾客选择关系

在上述研究的基础上,本章进一步考察了第三方支付平台的顾客体验与顾客选择之间的关系。与预计研究设计不同的是,本章将侧重点放在顾客体验的影响因素及其与顾客选择之间的路径关系上。主要原因是通过对不同第三方支付平台顾客体验维度的比较,发现某些维度的影响似乎并不如预期的显著,因此放在后续的研究中单独讨论。而实际生活中,企业感兴趣的是为什么消费者会选择自己的平台。

一、模型理论基础

(一) 理性行为理论

理性行为理论(Theory of Reasoned Action,TRA)是世界上公认的认知行为与决策领域最有影响的理论之一。该理论由 Ajzen 和 Fishbein 于 1975 年提出,旨在分析认知体系下态度的形成过程,以及理性人假设下,态度如何有意识地指导个体做出选择。

如图 4-1 所示,TRA 模型认为,行为意向决定行为结果,行为意向受态度和主观准则的影响。体验的成本、风险及其能带来的价值和操作的便捷性直接决定了体验态度。而相关情景体验及别人体验的经历对个体的评判标准会产生一定的影响,人们偏向与其他人意见保持一致的动机,这是消费者主观准则评判的动因。但是该模型还存在一定的缺陷,使用该模型的前提条件是假设人们都是在理性的基础上做出评判。事实上，顾客在某种情景中享受某种体验是受到外界环境干扰的，也就是说，消费者是在理性和感性交互作用下做出决策的。

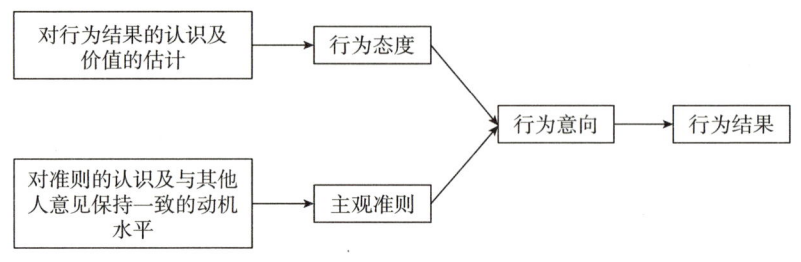

图 4-1　理性行为理论模型

（二）计划行为理论

计划行为理论（Theory of Planned Behavior，TPB）是 Ajzen（1985）在理性行为理论的基础上，增加了知觉行为控制变量，进一步构成了行为态度、主观规范和自觉行为三维度变量模型。TPB 是社会心理学科公认的最为知名的行为关系理论，目前已在国内外多个领域有广泛应用。

如图 4-2 所示，TPB 模型增加了感知行为控制变量，在某种体验情景下，可以切实感受到操作流程执行的难易程度，有助于增强对个体改变自身行为的理解。但是这种模型还不能跳出理性人假设，在实际应用中，不能清晰地反映操作流程，相关概念的界定也比较模糊。

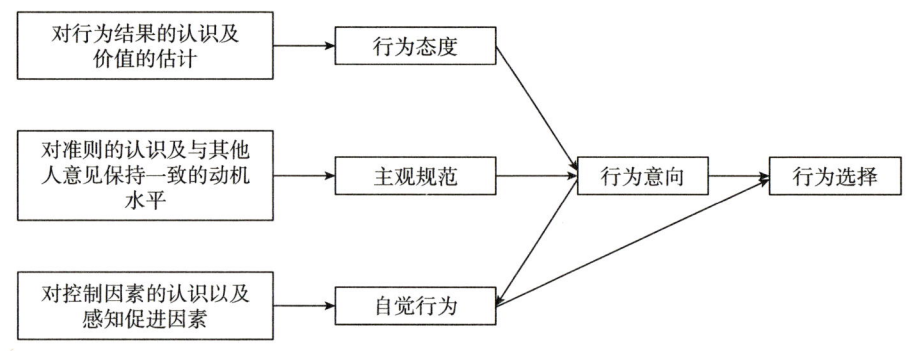

图 4-2　计划行为理论模型

(三) 技术采纳模型

技术采纳模型（Technology Acceptance Model，TAM）是 Davis（1989）在 TRA 和 TPB 两个理论的基础上进行修改，专门针对计算机和信息系统用户的采纳行为问题提出的研究模型，如图 4-3 所示。该模型关注外部因素对行为态度和行为选择的影响，以感知有用性和感知易用性两个维度为突破口，被学术界广泛地应用于新技术的采纳研究。其中，感知有用性更多体现在个体接受使用某新技术后，工作效能提高的主观可能性。感知易用性指个体对新技术所耗精力的感知度及其操作流程的易用度。

图 4-3 技术采纳模型

Davis 认为，新技术的采纳和接受程度受体验满意度，也就是使用态度的影响。而使用态度是在外界刺激下消费者对该技术感知有用性和感知易用性综合评判的结果。我们在接受一项新事物之前会做出一系列思考，使用某新技术是否能带来便利、节省时间，操作流程是否简单易学，使用后是否能给我们的工作学习带来超额价值。TAM 模型正是基于消费者的这种心理来研究他们的行为。但是 TAM 模型缺少对外界变量更为细致的描述，在使用该模型过程中也有诸多不便。

(四) 扩展技术采纳模型 (TAM2)

TAM2 模型是 Venkatesh 和 Davis（2000）针对 TAM 模型的不足做了修正，加入了社会影响和个体认知性两个因素，细化了模型的外部变量，旨在更精准地认识用户接纳行为。

如图 4-4 所示，扩展技术采纳模型将外界刺激变量具体细分为工作相关性、自身形象、主观准则、产出质量及结果可示范性，其对感知有用性有不同程度的影响。Davis 还引入经验和自愿适应两个调节变量。郭倩瑜（2009）提出，工作相关性是指个体使用的新技术是否与自身工作有关联，是否能够提升工作效度；自身形象指使用新技术后，是否会提升个人社会形象；主观准则是指学习新技术后是否会面临来自社会主观范畴的压力；产出质量指接受新技术后，学习工作的效率的提升程度；结果可示范性则是指使用新技术后效度是易测、可评估的。

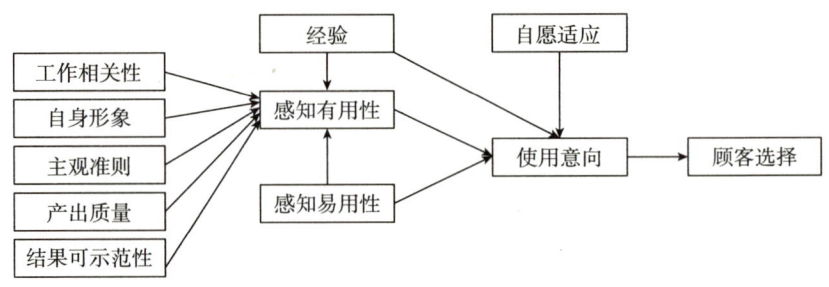

图 4-4 扩展技术采纳模型

二、模型构建

本章研究从 TAM 模型出发，结合其他理论构建模型。Davis 认为，对某新技术的接受程度取决于消费体验的满意度，在外界刺激下，顾客体验的满意度是对该技术感知有用性和感知易用性综合评价的结果。TAM2 模型细化了外界刺激变量，顾客在购物过程中，使用第三方支付软件进行支付，并不一定在短期内对自身形象提升多少，也不一定跟自己工作有多大关联，因此本章研究并没有考虑自身形象和工作相关性对顾客体验满意度的影响。

我们研究的个体都是社会中的成员，人们在选择决策过程中，往往会受相关群体的影响，这种现象与 TAM 模型中的主观准则变量非常相似，本章将其定义为社会影响。在接触新事物或购买新物品过程中，我们会有一个心理预期，会关注其性价比，也就是说，消费者不仅会关心所购物品质量，还会关注它的价格及其价格与价值是否匹配。当所购物品的价格达到消费者的心理预期时，人们对该产品会更容易接受，或者对它的满意度会提高，我们称之为感知成本。

做出某决策之前我们不仅会考虑决策利益，还会考虑做出这种选择后需要承担什么风险，一般情况下，风险系数越高，我们做出该选择的意愿越弱，风险系数越低，做出某项选择的动力越强。在选择用第三方支付平台进行款项结算时，顾客会对个人资金的流转做出一定的风险评估，我们称之为感知风险。经验对消费者接受某新事物有着非常重要的影响，当人们有过类似的购物或者体验经验后，内心层面的接受度会提升，对其满意度可能也会提升。

根据上述理论模型和相关分析，本章认为 O2O 商业模式下第三方支付平台顾客体验与顾客选择的关系研究属于互联网新技术的理论研究范畴。因此，消费者体验满意度受到对其感知有用性和感知易用性的影响。顾客是否有过相关模式的支付体验及体验效果的好坏对消费者接受某种支付方式有一定的影响。社会影响、感知风险和感知成本也是影响支付体验满意度的重要因素。模型结构如图 4-5 所示。

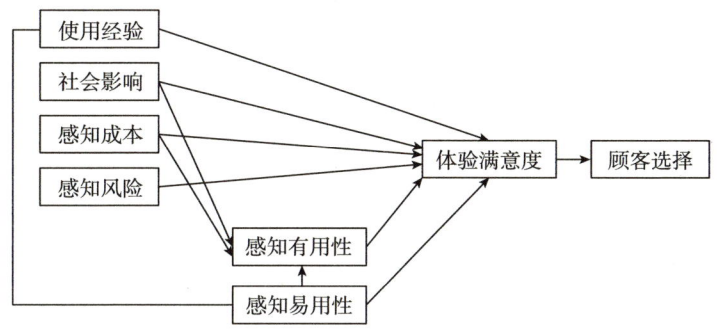

图 4-5 模型基本结构

该模型所选取的八个变量是在多数学者对其做出较为完善定义的基础上，根据研究课题的需要进行相应改动完成的，均具有较强的解释力。表 4-1 具体定义了研究变量，并且指出了做出相应定义的参考学者。

表 4-1 模型变量定义

变量名称	变量定义	学者
使用经验	顾客使用相关支付服务的经验对顾客体验第三方支付软件所造成的影响	Schmitt, Venkatesh, Diane M. Strong, Mark T. Dishawa
社会影响	顾客所在社会环境下相关群体使用第三方支付软件及评价对顾客体验第三方支付软件造成的影响	Galletta, Dennis F., 吴雅娟
感知有用性	顾客使用第三方支付软件后，认为此软件对自己生活、工作效率提升的幅度	Davis, Kenneth, 李柱
感知成本	顾客体验使用第三方支付软件的过程中所需付出成本总和的认知，包括下载软件是否需要支付费用或使用该软件提现转账是否需要手续费	Smith, Rupp, Varshney Cheong, Park, 任红娟, 邓朝华, 鲁耀文, 张金隆
感知风险	顾客体验使用第三方支付软件的过程中对可能发生的损失的认知，如时间损失、金钱损失、心理损失、功能损失等	Javenpaa, Todd, Kaplan, Cox, Roselins, 李鹤, 张喆, 卢昕钧

续表

变量名称	变量定义	学者
体验满意度	顾客体验使用第三方支付软件后对体验效果的满意程度	Davis，Smith，李柱
顾客选择	顾客已经选择使用第三方支付软件或已经有使用的经历	Davis，Koufaris，何彦

三、模型假设提出

（一）使用经验

顾客接触新技术或新产品前，若有使用或体验经验，会对该技术或产品有一定的了解，知道其优劣势，能增加用户的使用意愿和感知有用程度。第三方支付平台开发商在前期会对消费者开放，让其免费使用相关支付软件，体验结果的好坏即体验满意度的高低往往影响顾客的使用意愿。若体验过程中顾客切实体会到使用该软件为自身生活、工作带来便利，那么下次使用时，消费者对该软件会迅速产生使用意愿，且使用经验使顾客使用该软件更加方便快捷。本章认为第三方支付软件的使用经验会对顾客体验满意度产生一定的影响，同时能提升顾客的感知易用性。

H1：第三方支付软件的使用经验正向影响顾客体验满意度。

H2：第三方支付软件的使用经验正向影响顾客感知易用性。

（二）社会影响

人不可能脱离社会独自存活，人是社会中的一员，言行举止都受到社会的影响。当社会大多数成员对某一事物存在某一看法时，从心理学角度出发，为了迎合大众，为了被公众接纳，个体会依从公众的选择，这就是人们所说的从众心理。当人们接触一种新事物的时候，往往会在意周围人的评价和看法。O2O商业模式下第三方支付平台的发展是商业模式和互联网技术创新的结果，只有在大多数的受众广泛接受网络式覆盖的信息技术后，在互联网基础上延伸开发的相关软件才更容易被接受。如果大多数人都认同某一新技术，那么个体接受该技术受到的来自社会的压力很小甚至几乎没有，就很容易接受该产品或服务。本章认为社会因素对第三方支付平台的顾客体验满意度有一定的影响，同时社会因素对顾客的感知有用程度有一定的影响。

H3：第三方支付软件的社会影响正向影响顾客体验满意度。

H4：第三方支付软件的社会影响正向影响顾客的感知有用性。

（三）技术接受模型

技术接受模型认为顾客体验满意度决定其做出何种选择。当用户对某技术或产品的体验流程非常满意时，那么他对该技术的使用意愿就显著增强，从而增加了用户选择使用该项技术的可能性。

Davis 认为，决定顾客使用意愿有两个重要因素：感知有用性和感知易用性。用户选择某项服务时，首先会考虑做出这样的选择能带来什么，比如，现代人们的时间观念很强，使用第三方支付软件可以节省网上购物时间，会更便利；人们更注重精神层面的享受，消费者在使用支付软件过程中有美好的体验，能从中提升自我认知价值；一部分最先接触到某新技术的人群，会有一种优越、被尊重和自我满足的感觉。当顾客能从体验中获得该技术对自己非常有用的感知后，会提升选择使用该技术的可能性。当顾客面对一种新技术或服务时，会考虑需要用多长时间才能学会。比如在选择使用第三方支付的时候，客户在了解电脑最基本的操作流程的基础上还需花费多大的努力才能学会软件操作流程。有时候在使用过程中还需要了解一些技巧上的知识，客户对学习难易程度的感知也是决定其是否选择该软件的关键因素。

H5：第三方支付平台顾客体验满意度正向影响顾客使用意愿和选择。

H6：第三方支付平台顾客感知有用性正向影响顾客体验满意度。

H7：第三方支付平台顾客感知易用性正向影响顾客体验满意度。

H8：第三方支付平台顾客感知易用性正向影响顾客感知有用性。

（四）感知成本

价格一般是人们比较关注和敏感的话题，当人们使用某项新技术时会考虑所需承担的成本费用。当人们对成本有较高的感知时，对该技术的使用意愿会降低；当使用成本低于消费者预期价格或者不需要什么费用时，可能会激发顾客的积极性。第三方支付从最初的免费到现在部分功能需要付费，消费者对成本的感知已经发生变化，本章认为第三方支付的感知成本负向影响顾客体验满意度和感知有用性。

H9：第三方支付的感知成本负向影响顾客体验满意度。

H10：第三方支付的感知成本负向影响顾客感知有用性。

（五）感知风险

感知风险最早由哈佛大学的 Bauer 提出，他认为人们在购物过程中存在实际效果与预期结果发生较大偏差的情况，并且在使用或购买某新技术或产品后，可能还会存在一系列的不确定性。比如，人们在使用第三方支付软件进行支付时，存在信息泄露的可能性；顾客线上完成支付后，有可能线下货物没送到；线上付款后，若需要退货，暂存于第三方的钱是否能顺利返回消费者账户等。一系列不确定性给人们的心理、身体、财物造成一定的损害。当人们感知到这样的风险时会降低对该软件的使用意愿和满意度。本章认为较高的风险会对顾客体验满意度造成负面的影响。

H11：第三方支付的感知风险负向影响顾客体验满意度。

将上述假设综合在一起，如表 4-2 所示。

表 4-2 总体模型假设

假设 H1	第三方支付软件的使用经验正向影响顾客体验满意度
假设 H2	第三方支付软件的使用经验正向影响顾客感知易用性
假设 H3	第三方支付软件的社会影响正向影响顾客体验满意度
假设 H4	第三方支付软件的社会影响正向影响顾客的感知有用性
假设 H5	第三方支付平台顾客体验满意度正向影响顾客使用意愿和选择
假设 H6	第三方支付平台顾客感知有用性正向影响顾客体验满意度
假设 H7	第三方支付平台顾客感知易用性正向影响顾客体验满意度
假设 H8	第三方支付平台顾客感知易用性正向影响顾客感知有用性
假设 H9	第三方支付的感知成本负向影响顾客体验满意度
假设 H10	第三方支付的感知成本负向影响顾客感知有用性
假设 H11	第三方支付的感知风险负向影响顾客体验满意度

四、研究设计与数据收集

我们先采用规范研究法，对相关文献进行梳理总结，找出本章研究的切入点和突破口，构建模型并提出假设，收集问卷数据后，用 AMOS 20 对结构方程拟合度进行分析，并根据相关指标对所提假设进行检验。

本章采用的是李克特五分量表，由于属于互联网创新模式中的顾客接受问题，多数学者已经开发了大量的适宜量表，因此本章的量表大部分沿用上述学者研究过的相似变量的量表。研究变量包括社会影响、使用经验、感知有用性、感知易用性、感知成本、感知风险、体验满意度和顾客选择八个变量。对相应变量的测量如表4-3所示。

表4-3 问卷变量测量

变量名称	对应测量项	陈述条目	学者
社会影响	SI1	如果绝大多数人在使用第三方支付软件，如支付宝、财付通、微信支付等，而我没使用或没有相关的体验经历，那么我会感觉不自在	Venkatesh，李玉萍，郭倩渝
	SI2	如果周围的熟人在使用或向我推荐使用某第三方支付软件，那么我会接纳建议	
	SI3	如果使用第三方支付成为一种时尚、潮流或社会风气，我也会跟随使用	
使用经验	E1	我曾经使用或体验过某第三方支付软件	Schmitt，Alberto，李柱
	E2	我曾经对某第三方支付软件有过美好的体验经历	
感知有用性	PU1	我认为使用第三方支付能够节约我的购物时间	Davis，李婷，高海霞，Koufaris，Agarwal，Karahanna
	PU2	我认为使用第三方支付能够让我了解比较前沿的支付方式，方便了我的生活和工作	
	PU3	我认为第三方支付平台的发展是互联网创新模式中有用的一种	
	PU4	第三方支付不同软件对我而言是有用的	
感知易用性	PEU1	我认为学习使用第三方支付软件非常容易	Davis，Bala，边鹏，李柱
	PEU2	使用第三方支付操作流程对我而言是一件容易的事情	
	PEU3	我可以不费力得到第三方支付软件的下载客户端	
感知成本	PC1	我认为第三方支付软件购买成本比较高	Chen，Ploufe，吴雅娟，武学雯
	PC2	我认为第三方支付软件的使用成本比较高	
	PC3	我认为第三方支付软件的交易支付成本比较高	
	PC4	我认为目前第三方支付软件的价格优势不够明显	
感知风险	PR1	我担心目前的信息技术不能保证支付交易的安全进行	Stone，Gronhaug，Bauer，张喆，卢昕钧
	PR2	我担心自己在不知情的情况下被利用	
	PR3	我担心第三方支付平台账号信息泄露	
	PR4	我担心第三方支付平台不能很好地保障消费者各方面权益	

续表

变量名称	对应测量项	陈述条目	学者
体验满意度	CES1	我对某第三方支付平台的网站环境体验很满意	Davis, Schmitt
	CES2	我对某第三方支付软件的体验流程很满意	
	CES3	我在体验第三方支付软件过程中感觉自我价值有所提升	
	CES4	我对第三方支付软件某类特有功能很满意	
顾客选择	CC1	我曾经选择过某类第三方支付软件进行支付	Davis, Venkatesh
	CC2	我曾多次推荐别人使用某第三方支付软件	
	CC3	我以后还会继续使用某第三方支付软件	

五、数据分析

实证调研数据主要是通过问卷调查所得。问卷选项按非常不同意、不同意、一般、同意、非常同意这五个指标来设定。调查问卷共 300 份，通过问卷星发放 250 份，向太原长治路街上流动人群发放 50 份，剔除无效问卷（填写不完整、逻辑不合理等），最终回收有效问卷 275 份，有效回收率达 91.67%。其中，男性比例达到 43.8%，女性为 56.2%，年龄集中在 18~55 岁。

（一）量表信度和效度分析

信度指测量结果（数据）一致性或稳定性的程度，一致性主要反映的是测量内部题目之间的关系，考察测验的各个题目是否测量了相同的内容或特质。虽然本章的问卷都来自成熟量表，但为进一步了解被试对问题的看法是否与原设计者分类一致，我们采用内部一致性方式对量表进行信度检验。通常认为，Gronbach's α 系数应该在 0~1，如果系数在 0.9 以上，表示量表的信度非常好；当系数值在 0.8~0.9 时，认为量表信度可接受；当系数值在 0.7~0.8 时，表示某些项目需要修订；如果量表的信度系数在 0.7 以下，表示量表某些项目需要抛弃。表 4-4 为本章调查问卷信度检验结果，八个变量共 24 个题目参与检验，其中的使用经验、社会影响、感知易用性、感知成本、感知风险、顾客选择的 Cronbach's α 系数值都在 0.8~0.9，说明这些维度可以解释要说明的问题，信度较高，而感知有用性和顾客体验满意度在 0.7~0.8，我们对这两个变量的题目进行了相应的调整。最后得到调研问卷的整体信度为 0.835，每个维度信度质量相对较好。

表 4-4 调研问卷信度检验

变量名称	测量项数	Cronbach's α 系数值
使用经验	2	0.846
社会影响	3	0.812
感知有用性	4	0.735
感知易用性	3	0.803
感知成本	4	0.894
感知风险	4	0.869
顾客体验满意度	4	0.765
顾客选择	3	0.849
整体信度	27	0.835

效度用来衡量综合评价体系能否准确反映评价目的和要求，指测量工具能够测出其所要测量的特征的正确性程度，分为内容效度（Content Validity）、效标效度（Criterion Validity）和结构效度（Construct Validity）。根据本章研究需要对调查问卷进行结构效度检验，我们对所选样本是否适合做因子分析做初步检验，学者通常采用 KMO（Kaiser Meyer Olkin）来检验，当 KMO 大于 0.5 时，我们认为适合做因子分析。还可以采用 Bartlett 球形度检验，拒绝原假设，p 小于 0.001 时，适合做因子分析。检验结果如表 4-5 所示。

表 4-5 KMO 及 Bartlett 球形度检验结果

变量名称	KMO 检验值	Bartlett 球形度检验显著程度
使用经验	0.500	0.000
社会影响	0.600	0.000
感知有用性	0.716	0.000
感知成本	0.761	0.000
感知风险	0.785	0.000
顾客选择体验满意度	0.517	0.000
顾客选择	0.621	0.000
	0.772	0.000

接着对样本进行因子分析，Fornell 和 Larcker 认为，测量因子的载荷系数大于 0.5 时可认为该问卷有较好的结构效度。如表 4-5 问卷总体的 KMO 值为 0.772，八个变量的 KMO 及 Bartlett 球形度检验结果表明测量变量适合做因子分析，因子负载结果如表 4-6 所示。

表 4-6　调研问卷因子分析检验结果

变量名称	对应测量项	标准化因子载荷
社会影响	SI1	0.740
	SI2	0.653
	SI3	0.775
使用经验	U1	0.565
	U2	0.667
感知有用性	PU1	0.720
	PU2	0.613
	PU3	0.752
	PU4	0.770
感知易用性	PEU1	0.599
	PEU2	0.764
	PEU3	0.548
感知成本	PC1	0.651
	PC2	0.766
	PC3	0.808
	PC4	0.655
感知风险	PR1	0.730
	PR2	0.732
	PR3	0.777
	PR4	0.774
顾客体验满意度	CES1	0.520
	CES2	0.721
	CES3	0.650
	CES4	0.832
顾客选择	CC1	0.807
	CC2	0.640
	CC3	0.770

（二）模型的拟合优度分析

整个模型的结构如图4-6所示。

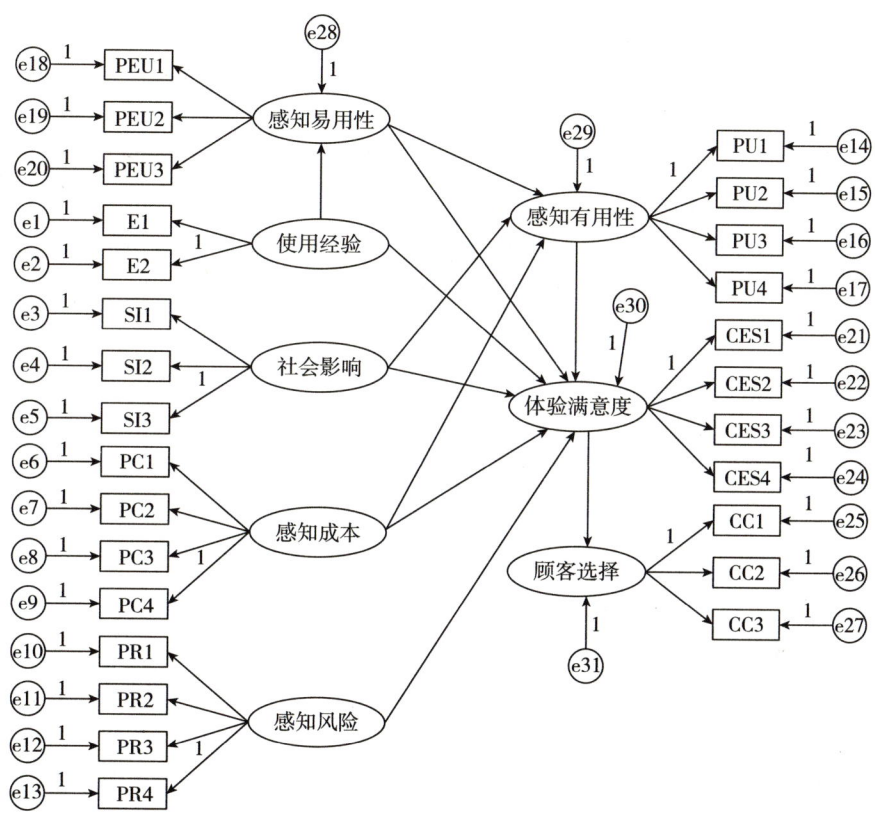

图4-6 模型结构

根据结构方程模型的检验方法，对该模型进行拟合优度检验，结果如表4-7所示。

表4-7 模型的拟合优度

χ^2	DF	RMSEA	GFI	AGFI	NFI	NNFI	CFI	PGFI	PNFI
1485.37	835	0.045	0.902	0.907	0.913	0.922	0.917	0.725	0.808

表4-7是检验模型拟合程度的各指标,绝对配适指标中卡方值为1485.37,自由度DF为835,卡方自由度比值为1.078,介于1和2之间,说明假设模型与样本数据的契合度良好。RMSEA为0.045,小于0.1,拟合良好。GFI是拟合优度指数,范围介于0和1之间,但理论上能产生无意义的负数,按照约定,要接受模型,GFI应等于或大于0.9,本研究模型GFI值为0.902,说明假设模型协方差可解释的观察协方差的程度较好。而增量配适指标中AGFI、NFI、NNFI、CFI均大于0.9,表明假设模型拟合程度较好。其中,AGFI是调整拟合优度指数,利用自由度和变量个数的比例来调整GFI,NFI是规范拟合指数,NNFI是Tucker-Lewis系数,也叫作Bentler – Bonett非规范拟合指数,CFI是比较拟合指数。简约配适指标中PGFI和PNFI分别为0.725和0.808,均大于临界值0.5。其中,PGFI是独立模式的自由度与内定模式的自由度的比率乘以GFI。以上各指标综合反映了调研样本数据支持该模型,此模型拟合程度较好。

路径分析的优势在于可容纳多环节因果结构,且通过路径图把因果关系很清楚地表达出来,据此进行更深层次的分析,比较各因素之间的相对重要程度,分析变量与变量之间的直接和间接影响。路径分析可分为直接效果、间接效果和总效果,且总效果为直接效果和间接效果之和。表4-8所示为结构方程模型测量项路径标准化载荷系数。

表4-8 结构方程模型测量项路径标准化载荷系数

变量名称	对应测量项	路径载荷系数
社会影响	SI1	0.566
	SI2	0.765
	SI3	0.822
使用经验	U1	0.684
	U2	0.125
感知有用性	PU1	0.501
	PU2	0.213
	PU3	0.716
	PU4	0.885
感知成本	PC1	0.876
	PC2	0.561
	PC3	0.772
	PC4	0.884

续表

变量名称	对应测量项	路径载荷系数
感知风险	PR1	0.571
	PR2	0.413
	PR3	0.301
	PR4	0.122
顾客体验满意度	CES1	0.712
	CES2	0.663
	CES3	0.789
	CES4	0.624
顾客选择	CC1	0.725
	CC2	0.419
	CC3	0.827

表4-8显示，路径标准化载荷系数的各值均介于0.1~1，表明结构方程模型符合常规标准，拟合度良好，可以进一步进行数据分析。

（三）结构方程模型假设检验

CR是反映潜变量中所有题目是否一致性解释该潜变量的指标，CR大于0.7表明该潜变量有良好的建构效度。相关研究表明，当CR绝对值大于1.96且显著性水平小于0.05时，可以认为该假设路径的判别回归系数是显著的。从表4-9可以看出，除小部分路径外大多数假设路径是符合标准的。其中，假设H1、H2、H3不存在显著性差异，其余路径都存在显著性差异，从而验证假设大部分成立。

表4-9 模型的基本路径检验

假设回归路径	路径标准系数	CR	P
H1：使用经验——体验满意度	0.124	0.905	0.102
H2：使用经验——感知易用性	0.524	1.156	0.122
H3：社会影响——体验满意度	0.102	1.522	0.124
H4：社会影响——感知有用性	0.225	4.125	***
H5：体验满意度——顾客选择	0.92	8.452	***
H6：感知有用性——体验满意度	0.725	3.723	***
H7：感知易用性——体验满意度	0.287	4.125	0.076

续表

假设回归路径	路径标准系数	CR	P
H8：感知易用性——感知有用性	0.682	2.554	***
H9：感知成本——体验满意度	-0.152	-0.734	0.072
H10：感知成本——感知有用性	-0.413	5.358	***
H11：感知风险——体验满意度	-0.352	3.052	0.002

注：＊＊＊表示均值差的显著水平为0.001。

六、本章小结

（一）研究结果

本章研究在大量阅读文献的基础上，根据研究问题的需要，参照和引用了国内外知名学者的技术采纳模型，以及一些延伸的相关理论来构建模型。引入了使用经验、社会影响、感知有用性、感知易用性、感知成本、感知风险、顾客体验满意度和顾客选择8个潜变量，并在此基础上设置了27个测量问题。通过SPSS和AMOS20进行统计学分析。数据分析结果表明本样本研究设计的问卷信、效度较好，AMOS验证模型拟合度良好，通过分析路径系数和CR值我们得到11个假设中有8个成立、3个不成立。

从假设H4、H5、H6、H7、H8、H9、H10、H11的结果来看，在O2O商业模式下，第三方支付平台的使用对于消费者来说具有方便易用、受社会影响并且重复使用率高的特点。消费者在社交过程中发现周围群体都在使用第三方支付工具时，他们也会不甘人后进行尝试，也因此会发现第三方支付的高效与便利性。社会影响使人们甚至放弃原有的现金和银行卡转而使用更加便捷的第三方支付手段。另外，由于使用经验的积累，人们越来越熟练地应用第三方支付工具，也更加适应对这些工具的操作。由于第三方支付开始阶段免费而现在部分业务收费，消费者感知成本上升，但同时可能附加价值较低（第二部分研究结果），使消费者体验满意度下降。在使用第三方支付进行交易时，当消费者感知到该工具快捷、便利、有用时，会产生愉悦感、满足感，从而形成重复使用；但是如果消费者感知到使用第三方工具具有一定风险时，他们也会减少使用。因此，对于第三方支付工具的提供商来说，安全、便捷、高效是他们能够提供给消费者的核心价值，而良好的界面、友好的服务及快捷的响应则要求不断提升其附加价值。

假设 H1、H2、H3 在统计上不成立，可能的原因在于第三方支付软件的更新速度较快，种类较多，相关支付软件的体验不同于传统购买实物的体验，人们对支付界面设计、支付速度及对品牌的情感依赖较为敏感，而线下的购物环境、服务态度及所购物品的价值属性对消费者情感体验度会直接影响最后支付环节的体验效果，除非某类新的支付体验非常特别，能给消费者带来极大便利或形成习惯性支付手段，否则支付软件的使用经验不足以决定消费者对新的支付软件的体验。另外，当代主流消费群体已经是"80后""90后"，他们个性突出、学习适应能力强，一般情况下不会盲目从众，在产品的选择上更注重突出自我和服务或产品对自己的适用性。他们比较挑剔，面对产品的评价时有自己的判断，因此在使用第三方支付工具的时候，虽然会受大众的影响形成自身的使用习惯，却不会因为大众的影响对其进行相似的满意度评价。

（二）研究局限

本章的样本选择存在一定的局限性，因为主要以问卷星的形式发放问卷，且主要群体是学生，虽然学生具有较高的同质性，可以增加问卷的内部效度，但是可能导致问卷的可推广度降低。在以后实证研究中应尽量避免此类问题发生，广泛收集问卷，切实保证研究结果的真实性、可靠性、可推广性。

第五章　社会影响下第三方移动支付平台的顾客体验和顾客忠诚关系

一、移动支付平台的发展及问题提出

随着 2014 年春晚红包热潮的高涨，移动支付开始走进越来越多人的视野。其实，早在几年前移动支付就已经开始在我们身边被应用，只是那时的形式还比较单一，大多局限在对手机银行的使用，而如今我们已经可以接触到多种移动支付的形式，最典型的如支付宝和微信平台的扫码支付，以及平台用户之间的微信红包、支付宝转账。调查发现，在第三方移动支付行业中市场占有率排名前三位的平台分别为阿里巴巴集团旗下的支付宝、腾讯金融旗下的微信，以及具有政府性质的银联商务。较 PC 客户端来说，互联网移动终端更具便携性和实时性的特点，也正是基于这些特点，移动终端在未来较 PC 终端网民规模会具有更高的增长空间，所以在互联网经济下，移动端的网民也将成为各企业争相抢夺的重点。而第三方移动支付平台作为依托于移动端的移动支付服务平台，其发展前景之大可见一斑。

不过，由于移动支付业务在我国国内兴起的时间较晚，且竞争比较激烈，因而如何去维持这些用户，使他们建立顾客忠诚必然会成为接下来众多移动支付企业的抢夺重点。而且在当今这个体验经济的时代，良好的顾客体验又是各行各业所必须具备的素质之一。另外，作为社会人，其诸多社会行为都会受到来自社会或者他人的影响。那么，究竟第三方移动支付平台的顾客体验对其顾客忠诚的产生有无作用？高顾客体验会导致高顾客忠诚还是低顾客忠诚？第三方支付平台该从哪些方面优化自身的顾客体验？社会影响与平台用户体验及平台的顾客忠诚间关系又将具有怎样的作用？以上这些都是值得我们探讨和研究的。

因此，本章的研究对象为第三方移动支付平台，主要探讨第三方移动支付平台的顾客体验和顾客忠诚关系。在调查方法上将通过问卷调查法收集一手数据，据此观察顾客体验对于顾客忠诚的影响，并确认社会影响能否对平台消费者的体验与忠诚关系产生调节。

二、相关概念文献补充

（一）移动支付的定义

自20世纪90年代以来，计算机互联网通信技术开始飞速发展，并在商业中开始被使用和推广，电子商务行业应运而生，各消费主体之间开始运用开放网络进行商业交易。伴随着这一交易模式的变化，支付手段也由传统的线下支付转变为电子支付，所谓电子支付，即电子交易中的主体（如消费者、企业和相关的金融机构等），通过电子信息化手段的运用，实现不同主体间的价值与使用价值的交换。而后，随着通信技术的进一步发展和移动通信设备功能的进一步升级，电子支付中的移动支付开始迅猛发展。学界关于移动支付的定义一直难以形成统一的观点，但大致包括以下几种：

（1）移动支付，即为商业交易主体，通过移动支付设备工具，完成货物、业务交换的商业交易，它是实现电子商务的桥梁，是不可或缺的一环。

（2）移动支付是指交易主体之间借助移动通信终端设备（如手机、PC终端等），通过手机短信支付、WAP支付等方式，完成转账、购物等商业活动。

（3）根据诺盛电信咨询对移动支付概念的界定，移动支付即商业交易主体间借助移动终端，通过移动通信网络手段实现主体间货物、服务的交换，其中移动终端可以是手机、移动PC等。

综上所述，移动支付即可定义为：商业交易主体间利用移动设备，借助移动通信网络完成货物、服务交换的一种支付方式。相比于早期的电子支付来说，移动支付的效率更高，需要用户花费的时间成本较低；移动支付条件下，支付终端的用户身份相比其他集中支付而言更为稳定，有利于针对不同的用户制定符合其需要的个性化支付。

(二) 第三方移动支付平台

1. 第三方移动支付的定义

第三方移动支付类似于网上虚拟银行，承担着与网上银行类似的一部分功能和服务。在这种支付模式下，服务的提供者是除了银行等金融机构及移动运营商之外的第三方独立机构，这些机构通常通过与金融机构签订合作协议来实现对消费者财产的托管和形成信息的枢纽。

通俗来讲，第三方移动支付是指独立的第三方机构在互联网环境下，通过构建支付平台，为消费者提供便捷支付服务，其在如今的移动支付行业中居于主导位置（姚巍，2012）。根据 2015 年《中国互联网金融研究报告》，第三方移动支付平台的标准定义为：第三方移动支付平台是指为电子商务企业提供商务基础支撑支持和应用支撑服务的第三方支付功能的载体，是第三方服务型中介机构的一种。

2. 第三方移动支付平台的发展

我国第一家第三方支付平台是成立于 1999 年的"首信易支付"，该平台通过为商家和银行构建交易平台获取交易费用而盈利。而后，我国第一个也是目前唯一一个具有政府背景的第三方支付平台——中国银联成立，作为政府性质的金融机构，中国银联曾一度凭借强大背景在第三方支付行业中一家独大。直到阿里巴巴集团于 2004 年 12 月创办支付宝，由最初为淘宝网上交易活动双方提供"桥梁"、监督和担保，逐渐扩大服务范围和功能，从单纯的线上支付工具延伸至生活场景支付平台乃至线下支付市场中，开始对第三方支付的行业格局进行重组。而后随着 PayPal 进入中国市场，国内大量第三方支付平台涌现，如财付通、微信支付等，行业格局被彻底改写。根据薛金侠和刘喜贵（2015）的研究，中国人民银行 2011 年开始对第三方支付平台发放牌照，这也就意味着我国的第三方支付平台具有了更加合法的地位，受到法律的保护，自此开始第三方支付平台的发展走向突飞猛进阶段，市场占有率飞速上涨。

随着智能手机的普及，第三方支付转向移动端，并迅速取代原有的支付方式（现金、银行卡）。2017 年支付宝提出构建未来"无现金社会"，这意味着第三方移动支付将在需要支付的任何场景得以使用。

(三) 顾客忠诚

顾客忠诚的概念最早是由 Copeland（1923）应用于商业领域的，而后随着服务经济的提出及兴起，学界开始了对顾客忠诚理论的深入探究。

1. 顾客忠诚的定义

关于顾客忠诚的含义，众多学者从不同的角度做了相应的定义，但主要都围绕态度忠诚和行为忠诚这两个层面来建构。关于顾客忠诚的定义可以划分为三种主要观点：

（1）行为观点论。在这一观点下，顾客忠诚是指顾客多次、重复购买同一商家或品牌的产品、服务的行为。在这一观点下，顾客忠诚的衡量主要可由重复购买的频率及重复购买的份额进行测度。如 Brown（1952）认为，顾客忠诚就是指消费者针对同一品牌的产品和服务始终呈现一致的购买行为；而 Tucker（1991）则将顾客重复购买行为的次数具体化，认为只要顾客连续三次或三次以上购买同一产品，即可将该顾客划入企业忠诚顾客之中。类似地，我国国内学者韩经纶和韦福祥（2001）认为，顾客由于受到价格、产品、服务特性或其他因素的影响而形成的长时间地消费特定品牌的产品、服务的行为就是顾客忠诚。

（2）态度观点论。在态度观点论下，顾客忠诚被认为是顾客针对具体某一品牌或产品，具有积极的态度和倾向。在这一观点下，顾客忠诚主要通过消费意愿、偏好程度和宣传意愿因素进行衡量。在这一观点下，Jacoby（1973）通过消费者消费特定品牌产品的意愿来界定顾客忠诚。我国学者周欢怀（2005）则在顾客忠诚定义方面认为，当顾客重复购买同一品牌产品，并形成向他人宣传该产品的心理倾向即为顾客忠诚。

（3）综合观点论。在综合观点论下，顾客忠诚被认为是由顾客的态度忠诚和行为忠诚两者的交互作用产生的。其中，具有代表性的观点包括：Dick 和 Basu（1994）在其研究中认为，所谓的顾客忠诚，不仅需要顾客对商家产品、服务具有持续的购买行为，还需要顾客对商家具有相对较高的正面态度，两者共同决定顾客忠诚，缺一不可；Oliver（1997）认为，当顾客对商家产品、服务的未来重复消费行为，不会由于外界社会经济环境变化和其他商家的营销活动变化而改变时即为顾客忠诚。这种忠诚不仅体现在行为层面，也体现在顾客的认知、情感和意向层面。马清学（2003）则将顾客忠诚定义为顾客在消费特定品牌的产品、服务过程中，对这种产品、服务形成了行为和思想上的依赖，而且在情感层面也具有更加偏爱的态度，进而不仅会在行为上表现为重复的购买行为，也会在态度上形成对企业的宣传意向，而且这种行为和态度并不会轻易受到外界环境的影响，特别是企业竞争对手的影响；严浩仁和贾生华（2005）认为，对商家具有顾客忠诚的消费者，不仅在行为上表现出重复购买的特征，在态度上也会形成对企业产品的偏好、依赖。

综合前文有关顾客体验定义的综述，本章将第三方移动支付平台顾客体验的定义做如下阐述：第三方移动支付平台的顾客体验是指顾客在使用平台的过程中，由于受到外界营销刺激所形成的一种主观的内心感受，是互联网环境下的"用户体验"和传统服务行业中的"顾客体验"的结合体。

2. 顾客体验和顾客忠诚

目前，已有许多学者做过关于顾客体验和顾客忠诚间关系的研究，并且实证研究结果均显示两者之间显著相关。如 Oliver（1999）在研究消费者顾客忠诚的影响因素中证实，顾客体验行为对顾客忠诚态度的形成具有显著的正向影响。Flavian（1999）在其对网络顾客忠诚的研究中也发现，对于互联网环境下的消费者来说，其顾客体验直接对顾客忠诚产生影响。史达（2009）在其对互联网网站的顾客体验和顾客忠诚关系研究中，经过实证研究证实，顾客体验在虚拟网络经济中与顾客忠诚有直接相关性。贺爱忠和龚婉琛（2011）通过在购物网站环境下，对消费者的顾客体验和品牌顾客忠诚间的实证研究，证实顾客体验通过品牌信任间接影响品牌顾客忠诚。夏治坤（2009）在对国内的C2C电子商务网站的用户体验研究中证明，用户体验直接作用于用户忠诚，而且用户体验的好坏直接决定用户的忠诚度的高低。

综上所述，本章认为对于互联网环境与线下环境相结合的第三方移动支付平台来说，顾客体验对顾客忠诚的直接影响仍然是适用的，所以本章提出假设：第三方移动支付平台的顾客体验直接影响顾客忠诚，并且两者呈显著正相关关系。

3. 社会影响

社会影响是社会心理学中的重要概念，它是指社群中某个成员的态度和行为会受到其他个体的影响。Sheth（1991）指出，消费者作为社会人在使用产品或服务的过程中是同时处于多个不同的社会组织和群体中的，其行为必然会受到所属社会群体的影响。Steckel（1985）的研究表明，人们在群体中所做的决策，与单独做决策时的结果是存在差异的。我国学者杨国枢（2005）针对中国人社会心理的研究也指出，中国人是有明显的社会倾向的，即人们的行为很容易受到来自他人的影响。而当这种影响具体化到营销学领域时，即可定义为消费者对产品质量的推测、购买意愿、购买行为等都有可能受他人的影响。Burnkrant R. E. 和 Cousine A. U.（1975）从社会影响的理论视角认为，社会影响主要通过信息性社会影响（Information Social Influence）和规范性社会影响（Normative Social Influence）两个路径实现。其中，信息性影响是在接受到来自他人的信息时，直接把这些信息视为事实，并依此对自身的行为决策进行调整；规范性影响是指个人为获得群体中他人的认可和接纳，而重视来自他人对自身的期待，并把这种期待作为指导自身行动决策的规范。

社会影响理论在营销学中的应用最早源自对实体产品购买行为的研究。如Burnkant等（1975）就在其研究中指出，在同伴陪同购物的情况下，人们的购买态度和行为很容易受到同伴的影响，并且信息性影响远大于规范性影响。所以Kaplan等（1987）认为，在社会影响理论中，信息性影响较之于规范性影响更容易引起消费者行为的改变，而且这种改变速度更快，强度也更强。Clark等（2007）通过在实验中向群体中的个体施加来自群体内部的规范性压力（告知其群体中其他人的消费态度和行为），而不施加信息性影响（提供相应的原因或相关的信息），个体行为和态度改变并不强烈，甚至根本没有发生改变，证实当规范性影响单独对群体中的个体行为施加影响时，群体中个体的行为和态度并不会发生改变；而在之后的对比实验中，又通过向个体施加信息性影响而不施加规范性影响，证实社会影响中的信息性影响可以单独显著地影响个体的行为态度，而规范性社会影响则无法单独影响社群内个体的行为和态度。由前人研究可知，在实体产品的购买情境下，规范性影响无法单独对社群内的个人行为产生影响或影响十分微弱，而信息性影响则能够更显著地影响人们的消费行为和态度。

信息性影响对个体行为的显著影响除了被应用于实体产品购买行为研究以外，也在诸多服务产品消费中被证实。如曾锵（2005）在其研究中证实，对于服务产品来说，人们需要通过参考所在群体中他人的意见对自身的消费行为和态度进行调整。也就是说，信息性影响对于服务产品顾客的消费行为具有一定影响。黎开莉（2005）对此做出了解释：服务产品由于较实体产品而言多为无形产品或服务，难以被消费者具象感知，因而消费者无法依据自身的感觉来构建对产品的消费行为或态度，因而信息性影响会显著地影响服务产品消费者的态度和行为。而且，对于依托网络而存在的O2O服务产品（如团购网站等）的消费者行为研究中，信息性影响的作用也已被邬溪羽（2015）、张子坤（2010）等学者证实。

本章的研究对象为第三方移动支付平台，也是众多服务产品当中的一种。在第三个研究中发现第三方支付平台的社会影响会影响到消费者对有用性的感知，但不会影响体验满意度，说明信息性影响可能发生了作用。因此，本章选取信息性影响作为调节变量对第三方移动支付的顾客体验与顾客忠诚的关系进行进一步研究。

在信息性影响的启发式—系统式模型（HSM 模型）中，人们处理信息的过程有两种常用的策略：一种为系统式信息处理，表示"人们仔细考虑所有的相关信息，仔细处理这些信息，从而得到需要的判断"，其测量包括信息度认知（Perceived Informativeness）和论述强度（Argument Strength）两部分测量构念，分别扮演信息者角色和推荐者角色；另一种为启发式的信息处理，表示"人们只考虑少数甚至是单一的信息，以形成需要的判断"，信息源可信度为启发式处理的常用测量构念。信息源可信度，通俗来讲，即为消费者在接收到信息时会考虑信息的来源是否可信，而不会对信息内容本身是否可信进行认知。Zhang（2008）的研究表明，对于可信和专业的信息源人们更容易接受这些信息，从而产生相应的行为决策。在两种信息性影响处理策略中，由于有关论述强度和信息度认知的量表相较于信息源可信度的量表测量的内容更为全面，有助于更好地对信息性影响进行测度，所以本章选用论述强度和信息度认知量表对信息型影响进行测度。

三、研究设计

（一）研究对象

本章的研究对象为第三方移动支付平台，希望通过研究证明社会影响对顾客体验与顾客忠诚关系的影响作用、不同顾客体验维度对顾客忠诚是否具有影响以及具有怎样的影响。

（二）理论模型

本章旨在探讨两个问题：一是第三方移动支付平台的顾客体验是否与传统的线下购物模式及互联网购物模式相同，直接对顾客忠诚产生影响；二是信息性社会影响对移动支付的顾客体验和顾客忠诚的关系之间有无调节作用。在此基础上分析移动支付平台企业应如何运用社会影响和顾客体验来提高消费者的顾客忠诚度，提升企业顾客留存率，实现利润最大化。

由前文可知，信息性社会影响会直接通过消费者所在的社会群体或身边他人所传递的信息，对顾客忠诚产生影响。而顾客体验对顾客忠诚主要通过直接作用或间接渠道（如通过品牌信任实现）实现影响，两者显著相关。由此推断，第三方移动支付平台中的信息性社会影响和顾客体验都可以直接作用于顾客忠诚，对消费者的顾客忠诚度产生影响。

同时，作为社会人，人们在消费中或多或少都会受到来自他人的影响，这其中就包括来自他人相关信息的影响。而且过去有关广告的相关研究表明，广告的信息度越大，人们越容易认为广告是有帮助的，从而会形成对广告的良好态度（翁君奕，2004）。这种对广告良好的态度倾向会进一步积极作用于人们的消费行为及态度，进而影响消费者的购买行为。Mitchell（1986）的研究表明，人们在面对论述强度较高的信息时，相对更容易形成良好的行为态度倾向。即信息性社会影响可经由对消费者的行为态度和行为意向的影响，改变消费者的消费行为，进而对顾客体验和顾客忠诚的关系产生作用，从而最终使顾客体验对顾客忠诚的作用程度发生改变。因此，本章提出，信息性社会影响会对顾客体验与顾客忠诚之间的关系产生正向的调节作用。

综上所述，本章研究的理论模型构建如图 5-1 所示。

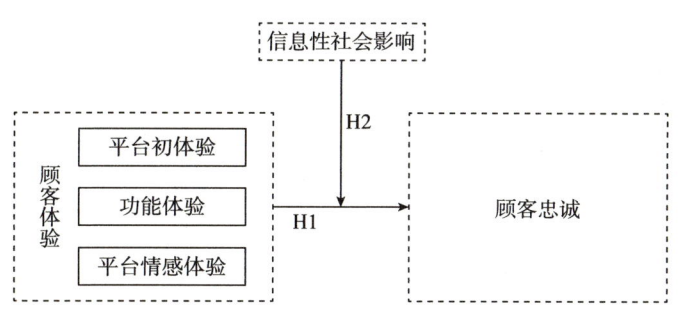

图 5-1　理论模型

其中，顾客体验为自变量，因变量是顾客忠诚，信息性社会影响为两者关系的调节变量。H1 为顾客体验对顾客忠诚的影响；H2 为信息性社会影响对顾客体验和顾客忠诚关系的调节作用。在 H1 中，在不同的顾客体验维度影响下，对顾客忠诚进行研究，探讨不同的顾客体验维度对顾客忠诚的影响。在 H2 中，通过信息性社会影响与顾客体验和顾客忠诚间关系研究，来探讨信息性社会影响对顾客体验和顾客忠诚关系的调节作用。

（三）研究假设

通过前文的文献综述可知：顾客体验可以经由品牌认知和顾客满意度间接影

响顾客忠诚,也可以不通过中介或调节变量直接影响顾客忠诚度,因为本章的研究目的之一在于验证在类似于第三方移动支付平台这种线上线下相结合的消费模式下,顾客体验是否会对支付平台顾客忠诚产生直接影响,并且希望将这一理论应用于实践中,以求为第三方移动支付平台提供相应的营销建议,所以本章将只对顾客体验与顾客忠诚间的直接关系进行研究。在体验经济时代,互联网情境下的消费者在使用支付平台的过程中,不仅需要平台提供相关支付服务,而且更渴望获得一种美妙的体验。所以第三方移动支付平台除了要想办法吸引顾客之外,更要想办法提升顾客留存率。在网络环境下,消费者对平台的直观感受即平台顾客体验的优劣,直接决定了顾客在平台上的停留时长。只有让顾客沉浸在平台提供的美好体验中,并产生流连忘返的情绪时,才能使他们再次并持续使用平台。第三方支付平台的顾客体验不仅包括初次接触平台时对平台形成大致印象的初体验,还包括使用过程中的功能体验和情感层面的体验,这三种体验都将会对顾客忠诚度产生影响。因此,本章认为,对于第三方移动支付平台而言,顾客体验是否良好对于平台顾客忠诚度的高低具有十分显著的影响。本章据此提出假设 H1 及其子假设。

H1:第三方移动支付平台的顾客体验对顾客忠诚具有显著正向影响,即第三方移动支付平台的顾客体验越好,平台的顾客忠诚度就越高。

H1.1:平台初体验对顾客忠诚具有显著正向影响,平台初体验越好,平台顾客忠诚度就越高。

H1.2:功能体验对顾客忠诚有显著正向影响,功能体验越好,平台顾客忠诚度就越高。

H1.3:平台情感体验对顾客忠诚有显著正向影响,平台情感体验越好,平台顾客忠诚度就越高。

与线上情景中的消费者行为类似,线下情景中的消费者作为社会群体中的一员,其行为也必将受到周围人的影响,而移动支付平台作为具有线下、线上双边平台特性的特殊商品,同时拥有线上、线下情境,所以其消费行为也必然会受到来自社群中他人相关信息的影响,因而也自然会受到信息性社会影响。Dick 和 Basu(1994)对客户忠诚度的研究证明,除了用户自身行为以外,来自社会群体中其他成员的信息也会显著影响顾客忠诚。因而,当消费者有同伴也在使用支付平台时,消费者对该平台的态度或多或少都会受到同伴的信息性影响。Xue 等(2005)在对 5076 名网络社区成员的研究中,经过实证研究证明,互联网环境下当消费者所在的在线社交群体对于某项服务产品持正向态度和评价时,消费者很容易形成对该产品或服务的正面态度或行为,两者之间呈显著的正相关关系。以个体为中心的社交网络的偏好是个体对于某一顾客忠诚的重要决定因素,这其中社交群体中成员对服务的评价和偏好引起的个体顾客忠诚变化,即为社交网络中他人的信息带来的影响。在支付过程中,个人从同伴那里接收到的信息越多,对该平台的了解和认识就会越深,在现有的顾客体验基础上对该平台的认识进一步加深,如为正面信息则更容易形成对平台的忠诚,反之则更容易削弱顾客忠诚度。因此,本章认为信息性社会影响会对顾客体验与顾客忠诚的关系产生调节作用。本章据此提出假设 H2 及其子假设。

H2:信息性社会影响对移动支付平台的顾客体验和顾客忠诚关系具有调节作用。

H2.1:信息性社会影响对移动支付平台初体验和顾客忠诚关系具有调节作用。

H2.2:信息性社会影响对移动支付平台功能体验和顾客忠诚关系具有调节作用。

H2.3:信息性社会影响对移动支付平台情感体验和顾客忠诚关系具有调节作用。

(四) 问卷设计及修正

本章的问卷主要包括两部分:第一部分为被调查人群的基本信息;第二部分为顾客体验、顾客忠诚、信息性社会影响等相关情况。

第一部分是对本章调查对象基本情况的了解,主要由调查对象的性别、年龄、受教育程度、收入,以及是否使用过移动支付平台、接触移动支付平台的时间、使用移动支付平台的频率、经常使用的移动支付平台名称八个方面的问题构成。

第二部分是问卷的主体部分,通过李克特五分量表进行设计,分为顾客体验、顾客忠诚、信息性社会影响三个子部分,每一个问项都采用陈述句的语气进行描述,分为五个等级,其中数值 1 代表非常不同意,数值 2 代表比较不同意,数值 3 代表不确定,数值 4 代表比较同意,数值 5 代表非常同意。被调查者根据自身使用第三方移动支付平台的实际情况和真实感受填写问卷,表达自己对各个条目的认同程度或主观态度。

1. 顾客体验量表

结合顾客体验维度划分的文献综述,我们可知在三种主流的顾客体验维度划分标准中，Schmitt 的体验模块在学术研究中应用较为广泛，所以本章拟采用 Schmitt 战略体验模块对第三方移动支付平台的顾客体验维度进行测量。但同时因为这一体验维度构念多被用于传统线下行业的顾客体验维度测量，与具有双边平台特性的第三方移动支付平台特点上有一定的出入，所以本章在 Schmitt 战略体验模块基础上，引入了互联网环境下常用的用户体验模型——Norman 的用户情感模型和 James Gerrett 的 Web 用户体验模型。根据移动支付平台的特点，并结合罗谷松（2011）对网络环境下用户体验维度的划分和定义，对 Schmitt 的战略体验量表进行整合，将一些项目进行了合并调整，提炼出平台初体验、功能体验、平台情感体验三个维度。

值得注意的是，我国第三方移动支付平台正处于高速发展的中期阶段，当前各大平台用户的选择多处于不断尝试状态，由此转账支付费率等"经济性体验"成为用户平台选择的影响因素之一。但综观当下我国第三方移动支付平台市场，各大平台均已将转账汇款等支付操作的手续费率降到最低或直接取消，微信和支付宝的转账、支付费率设置均为每个自然月每人拥有 2 万元的免费额度，超出部分按 0.1% 收取手续费，而这部分手续费也仅仅是为了支付银行的手续费，并不用于平台自身盈利。因此，对于用户而言各平台之间的经济性体验并没有差别。对于平台而言，也已无法再通过降低费率等方式对经济性体验进行优化，所以基于实际市场需求，本章将不对第三方支付平台的经济性用户体验进行研究。由此，本章的顾客体验共包含三个维度 15 个问项（见表 5-1）。

表 5-1 顾客体验量表

要素名称	可观测变量名称	陈述条目
平台初体验	页面设计	该移动支付平台页面设计美观
	页面浏览	该移动支付页面浏览十分便捷
	操作体验	该支付平台操作简单易用
	客户服务（交互体验）	当我在使用平台过程中遇到问题时，可以很容易地在平台中找到解决渠道（如客户服务等）
	网络稳定性	该平台的网络很稳定，很少出现支付不及时的情况
功能体验	支付功能	该平台的支付功能完全能够满足我的支付需要
	财产安全	我在平台上进行操作时，不用担心我的财产会遭受损失
	支付信息安全	该平台能够提供有效的措施和机制，保护我的支付信息安全
	个人隐私安全	该平台能提供有效的措施和机制，保护我的个人隐私安全

续表

要素名称	可观测变量名称	陈述条目
平台情感体验	享受体验	我很享受使用该平台的过程
	身心愉悦	在使用该平台的过程中，我感到身心愉悦
	感到紧张	在使用该平台的过程中，我感到十分紧张
	吸引人	该平台很吸引人
	诱发思考	使用该平台的过程能诱使我进行大量的思考
	诱发情感	使用该平台能诱发我的某种情感

其中，平台初体验是指顾客在初次接触或使用第三方移动支付平台的初始过程中，对平台基本的页面设计、操作设计、网络稳定性等外在表征的体验，包含五个问项陈述，涉及移动支付平台的页面设计、页面浏览、操作体验、客户服务（交互体验）和网络稳定性。功能体验是指第三方移动支付平台能否帮助用户达成使用目标（收支功能），涉及支付功能、财产安全、支付信息安全、个人隐私安全的陈述。平台情感体验是指在使用支付平台过程中，消费者由于受到外部刺激而产生的内心情绪变化和思考，包含享受体验、身心愉悦、感到紧张、吸引人、诱发思考、诱发情感六个问项。

2. 顾客忠诚量表

在忠诚的测度上，学界已经有许多成熟的研究，而且相关的量表也多次被应用到相关的实证研究中，并被多次证明可以有效测量顾客忠诚。在综合前人研究的基础上，本章顾客忠诚将从态度和行为两个方面进行测度。其中，态度忠诚主要是指顾客对于该移动支付平台在情感和态度上形成的忠诚，是认知层面的忠诚；而行为忠诚，即为顾客对于移动支付平台的反复使用行为。因为态度忠诚是行为忠诚的先行阶段，只有态度忠诚，才会有行为忠诚，而行为忠诚必然由态度忠诚引起，并包含态度忠诚，所以两者之间并不能很清晰地进行界定，因此本章将针对顾客忠诚进行整体的衡量，而不划分具体的行为和态度维度进行研究。本章主要借鉴 Srinivasan（2002）的经典量表，结合 Parasuraman 等（2005）的顾客忠诚量表对第三方移动支付平台的顾客忠诚共同进行测度。

结合移动支付平台的使用情境，初步设计时，顾客忠诚包括六个可观测变量指标，分别为向他人推荐、鼓励亲友使用、经常使用、认为更好、向他人宣传和愿意未来继续使用，如表 5 – 2 所示。

表 5-2　顾客忠诚量表

要素名称	可观测变量名称	陈述条目
顾客忠诚	向他人推荐	我会向他人推荐该支付平台
	鼓励亲友使用	我会鼓励周围的亲友使用该支付平台
	经常使用	我经常使用该支付平台
	认为更好	与其他的支付平台相比,我认为该支付平台更好
	向他人宣传	我会向他人宣传该支付平台
	愿意未来继续使用	我愿意在以后继续使用该支付平台

3. 信息性社会影响量表

根据前文对文献的回顾和整理,结合移动支付行业的特点,本章将社会影响做如下定义:信息性社会影响是指个人作为社会人,从他人接收到的信息对于移动支付平台的评估会得到重新调整,在这一影响下消费者更多地了解到产品相关的信息,会采纳他人提供的信息并倾向于认可其真实性。结合第三方移动支付平台的使用情境,借鉴关于信息性影响的测量量表进行衡量。

初步设计时,信息性社会影响包括四个指标,分别为有用的、让人信服的、有说服力的、强有力的,如表 5-3 所示。

表 5-3　信息性社会影响量表

要素名称	可观测变量名称	陈述条目
信息性社会影响	有用的	我周围人在向我推荐该平台时,提供了它的全面信息
	让人信服的	从总体上来说,我周围人向我推荐该平台时提供的信息是能让人信服的
	有说服力的	从总体上来说,我周围人向我推荐该平台时提供的信息是有说服力的
	强有力的	从总体上来说,我周围人向我推荐该平台时提供的信息是强有力的

4. 问卷前测

虽然问卷中的顾客体验、顾客忠诚和信息性社会影响量表都是依据成熟的量表和学者观点著作设计,但是为了保证指标名称和陈述条目具体有效,仍需要对本章的问卷进行前测。通过在小范围内收集问卷,分析确定是否需要对某些条目进行调整或删除,以使问卷更加合理有效。

第五章 社会影响下第三方移动支付平台的顾客体验和顾客忠诚关系

针对量表中的所有陈述条目和题目，本章进行了小范围的问卷前测，调查对象为使用第三方移动支付平台的消费者，共收集有效问卷 45 份，在前测中受访者根据其使用第三方移动支付平台的经历，根据他们对问卷中各陈述条目的理解，选择他们认为最符合自己实际感受的选项。

用 SPSS 20.0 对前测调查中收集到的问卷进行信度分析和效度分析（主成分分析和探索性因子分析），对问卷进行修正。

（1）信度检验。

在综合考虑本章的模型与相关的统计方法和规则后，对顾客体验、平台初体验、功能体验、平台情感体验、顾客忠诚和信息性社会影响六项内容进行信度分析检验。具体结果如下：

1）问卷整体信度分析。这部分主要用于测量本章所有量表题项的信度，根据表 5-4 可知，本研究的 α 值远大于 0.7（$\alpha=0.939$），证明本章的问卷总体来说具有良好的信度，可以直接用于调查研究。

表 5-4 问卷整体信度分析

维度	项数	Cronbach's α
问卷整体	29	0.939

2）顾客体验的信度分析。这部分研究主要用于测量顾客体验构念整体信度，以及平台初体验、功能体验、平台情感体验三个子维度的信度。统计结果如表 5-5 所示。

表 5-5 顾客体验各维度的信度分析

维度	项数	Cronbach's α
顾客体验	15	0.896
平台初体验	5	0.901
功能体验	4	0.860
平台情感体验	6	0.715

由表 5-5 可知，顾客体验各维度的 α 值均在 0.7~0.9，顾客体验整体的 α 值为 0.896。顾客体验部分问卷信度良好。

3）顾客忠诚的信度分析。因为本部分的顾客忠诚研究并没有设置相应的维度进行研究,而是将顾客忠诚作为整体构念进行研究,所以只需对顾客忠诚因子进行分析即可。由表5-6可知,顾客忠诚α值为0.951,说明顾客忠诚部分量表的信度非常好。

表5-6 顾客忠诚信度分析

维度	项数	Cronbach's α
顾客忠诚	6	0.951

4)信息性社会影响信度分析。信息性社会影响的信度分析结果如表5-7所示。信息性社会影响的α值为0.902,信息性社会影响量表信度也较高,可以直接用于问卷的测度。

表5-7 信息性社会影响信度分析

维度	项数	Cronbach's α
信息性社会影响	4	0.902

(2)效度检验。

1)因子载荷分析。在这一部分中主要通过对各测量条目提取公因子,来完成各条目的分类,以及剔除载荷值较低的因子,在学界的研究中一般认为因子载荷绝对值至少应大于0.4才可被接受。由表5-8可知,本章中各条目的因子载荷均大于0.4,所以均可暂时保留。同时,在总的测量方差解释比率上,因为所有的测量项目均高于60%,所以都应暂时予以保留。

表5-8 公因子方差

	初始	提取
Q9_1 页面设计	1.000	0.682
Q9_2 页面浏览	1.000	0.744
Q9_3 操作体验	1.000	0.758
Q9_4 客户服务(交互体验)	1.000	0.867
Q9_5 网络稳定性	1.000	0.712
Q10_1 支付功能	1.000	0.656
Q10_2 财产安全	1.000	0.732

续表

	初始	提取
Q10_3 支付信息安全	1.000	0.761
Q10_4 个人隐私安全	1.000	0.755
Q11_1 享受体验	1.000	0.906
Q11_2 身心愉悦	1.000	0.823
Q11_3 感到紧张	1.000	0.688
Q11_4 吸引人	1.000	0.775
Q11_5 诱发思考	1.000	0.826
Q11_6 诱发情感	1.000	0.773
Q12_1 向他人推荐	1.000	0.901
Q12_2 鼓励亲友使用	1.000	0.938
Q12_3 经常使用	1.000	0.862
Q12_4 认为更好	1.000	0.822
Q12_5 向他人宣传	1.000	0.830
Q12_6 未来继续使用	1.000	0.657
Q13_1 有用的	1.000	0.782
Q13_2 让人信服的	1.000	0.855
Q13_3 有说服力的	1.000	0.868
Q13_4 强有力的	1.000	0.744

注：提取方法为主成分分析。

2) 探索式因子分析。探索式因子分析即为根据变量相关性的大小将变量进行分组后，将相关性较高的变量分为一组，而较低的变量则自动归到别组，其中相关性较高的一组变量即可组合在一起对一个因子的概念进行测量。在进行探索式因子分析时，一般认为拟合的模型的总解释比率应高于60%才可被接受。由表5-9可知，本部分的二因素、三因素、四因素、五因素模型的方差解释比率依次为37.108%、52.569%、66.430%、78.862%。综上所述，在本研究中五因素模型方差解释率最高，并且超过60%，可以被接受，而且这部分的因子数量也更符合本章的研究模型。所以，本章可以使用五因素模型进行建构。

表 5-9　因子分析方差解释率

成分	初始特征值			提取平方和载入			旋转平方和载入		
	合计	方差的%	累积%	合计	方差的%	累积%	合计	方差的%	累积%
1	12.231	48.924	48.924	12.231	48.924	48.924	5.167	20.667	20.667
2	2.605	10.420	59.344	2.605	10.420	59.344	4.110	16.441	37.108
3	2.266	9.063	68.407	2.266	9.063	68.407	3.865	15.460	52.569
4	1.573	6.291	74.698	1.573	6.291	74.698	3.465	13.861	66.430
5	1.041	4.164	78.862	1.041	4.164	78.862	3.108	12.432	78.862

注：提取方法为主成分分析。

同时，为了确定每个因子的具体测量条目是哪些，还需要对各测量条目进行成分旋转，得出旋转矩阵，以此来完成对条目的筛选。通常认为一个测量条目必须在而且只能在对一个因子的解释比率超过60%时才可被保留，当其在一个因子内的解释比率不足60%，或者在两个因子内都具有解释比率时，该测量条目就应删除。由表5-10可知，公因子1在"鼓励亲友使用、经常使用、认为更好、向他人推荐、向他人宣传、愿意未来继续使用"上有较大提取值。公因子2在"页面浏览、客户服务（交互体验）、网络稳定性、操作体验、感到紧张"上有较大提取值。公因子3在"诱发思考、享受体验、吸引人、诱发情感、身心愉悦"上有较大提取值。公因子4在"有用的、有说服力的、让人信服的、强有力的"上有较大提取值。公因子5在"支付信息安全、个人隐私安全、财产安全、支付功能"上有较大提取值。

表 5-10　旋转成分矩阵

题项	成分				
	1	2	3	4	5
鼓励亲友使用	0.908				
经常使用	0.889				
向他人推荐	0.853				
认为更好	0.835				
向他人宣传	0.786				
愿意未来继续使用	0.658				
页面浏览		0.800			
客户服务（交互体验）		0.767			

续表

题项	成分				
	1	2	3	4	5
网络稳定性		0.752			
操作体验		0.714			
感到紧张		0.659			
页面设计					
诱发思考			0.795		
享受体验			0.785		
吸引人			0.752		
诱发情感			0.694		
身心愉悦			0.676		
有用的				0.855	
有说服力的				0.842	
让人信服的				0.814	
强有力的				0.695	
支付信息安全					
个人隐私安全					0.819
财产安全					0.741
支付功能					0.676
					0.620

注：提取方法为主成分分析。旋转法为具有 Kaiser 标准化的正交旋转法，旋转在 6 次迭代后收敛。

综上所述，我们发现"感到紧张"这一条目在成分旋转矩阵中无法归属到任何因子下，因此对其进行删除；而"页面设计"条目由于其在所有因子上的解释比率都低于 0.6，也进行删除。

（3）问卷修正。

经过前测的信效度分析后，初步确定了本章的研究模型为五因素模型，与本章之前提出的研究模型相同，所以研究模型无需修正。而对于量表的修正，通过前文的分析可知量表中的"感到紧张""页面设计"两个问项应被删除，以使问卷更加科学、合理。修正后的量表如表 5 - 11 所示。顾客体验由 13 个问项进行测度，其中平台初体验 4 个、功能体验 4 个、平台情感体验 5 个；顾客忠诚由 6 个问项进行测度；信息性社会影响由 4 个问项进行测度。

表 5-11 调查问卷量表

要素名称	可观测变量名称	陈述条目
平台初体验	页面浏览	该移动支付页面浏览十分便捷
	操作体验	该支付平台操作简单易用
	客户服务（交互体验）	当我在使用平台过程中遇到问题时，可以很容易地在平台中找到解决渠道（如客户服务等）
	网络稳定性	该平台的网络很稳定，很少出现支付不及时的情况
功能体验	支付功能	该平台的支付功能完全能够满足我的支付需要
	财产安全	我在平台上进行操作时，不用担心我的财产会遭受损失
	支付信息安全	该平台能够提供有效的措施和机制，保护我的支付信息安全
	个人隐私安全	该平台能提供有效的措施和机制，保护我的个人隐私安全
平台情感体验	享受体验	我很享受使用该平台的过程
	身心愉悦	在使用该平台的过程中，我感到身心愉悦
	吸引人	在使用时，该平台总是很能吸引我的注意
	诱发思考	使用该平台的过程能诱使我进行大量的思考
	诱发情感	使用该平台能诱发我的某种情感
顾客忠诚	向他人推荐	我会向他人推荐该支付平台
	鼓励亲友使用	我会鼓励亲友使用该支付平台
	经常使用	我经常使用该支付平台
	认为更好	与其他支付平台相比，我认为该支付平台更好
	向他人宣传	我会向他人宣传该支付平台
	未来继续使用	我愿意在以后继续使用该移动支付平台
信息性社会影响	有用的	我周围人在向我推荐该平台时，提供了它的全面信息
	让人信服的	从总体上来说，我周围人向我推荐该平台时提供的信息是能让人信服的
	有说服力的	从总体上来说，我周围人向我推荐该平台时提供的信息是有说服力的
	强有力的	从总体上来说，我周围人向我推荐该平台时提供的信息是强有力的

5. 问卷调查

本章的问卷调查主要通过线上的问卷星平台、即时通信工具发放和线下的实体发放两种手段进行。

(1) 样本选取。本次研究的调查对象为第三方移动支付平台的使用者，由于第三方移动支付平台当今普及率较高，问卷的目标对象可获性高，所以样本采集采用零散式随机发放即可。样本发放城市主要集中在北京、河北、内蒙古、江西等省份。

(2) 数据整理。在问卷收集的基础上，将调查数据整理导入 SPSS 中。优先对数据的人口统计变量进行描述统计分析，并且对量表类题目进行问卷项目的再次测度。本研究共发放问卷 345 份，其中线下问卷 100 份，线上问卷 245 份。在 345 份问卷中，无效问卷共 45 份，有效问卷共 310 份，问卷有效率为 89.86%，问卷收集效率较好。

四、统计分析与假设检验

（一）描述性统计分析

描述性统计分析是针对本研究量表中的人口统计变量采取的一种分析形式，可以通过收集到的样本与社会实际情况的吻合度，对样本起到筛选和预判作用。表 5-12 所示为收集到的 310 份有效问卷的人口统计变量基本情况。从性别上来看，男女比例几乎各占一半，符合社会上的基本人口构成比例，受教育程度中大专及以上样本占比 75%，与当今社会人们普遍学历较高的情况也吻合。而且样本受教育程度高也有助于调研对象更好地理解本问卷的题项设置，做出较真实的回答。

表 5-12 样本人口统计变量统计结果

题目	选项	人数	比例（%）
性别	男	160	51.6
	女	150	48.4
受教育程度	初中及以下	1	0.3
	高中、中专、技校	76	24.5
	大专	104	33.5
	本科	108	34.8
	硕士及以上	21	6.8

续表

题目	选项	人数	比例（%）
月收入	1000 元及以下	7	2.3
	1001~2000 元	9	2.9
	2001~3000 元	15	4.8
	3000 元以上	279	90
接触时间	半年及以下	6	1.9
	半年至一年	74	23.9
	一年至一年半	79	25.5
	一年半至两年	106	34.2
	两年以上	45	14.5
使用频率	每周多次	171	55.2
	每月多次	96	31
	每周一次	41	13.2
	每月一次	2	0.6
经常使用的支付平台	支付宝	142	45.8
	微信	113	36.5
	银联在线	50	16.1
	财付通	5	1.6

对于与移动支付使用情况相关的月收入、接触移动支付平台时间、使用移动支付平台的频率，样本基本数据统计如表5-12所示。由表5-13可以看出，对于月收入较高的人，其使用移动支付平台的频率也越高，两者呈正相关关系。这与我们的生活经验也是相符的，一般来说，人们的收入越高，其支出的比例和频率也会相应增加。而由图5-2可以看出，本问卷的样本中年轻人（21~35岁）使用支付宝和微信支付的人数较多，银联支付的人较少；而40岁以上的人支付宝和微信的使用则随着年龄的增加呈递减趋势，但银联在线的使用却随着年龄的增长而逐渐上升，这也与如今市场上的四大移动支付平台的使用情况相吻合。因为支付宝、微信现在已经逐渐变成万能的线上钱包，对于年轻人来说，这一群体比较容易接受新鲜事物、敢于冒险（不担心财产会产生损失）；而对于40岁以上的人来说，一是因为他们接受新鲜事物的时间要晚于年轻人，二是对于40岁以上的人，因为公务上的需要使用银联支付相对来说比较便捷，而且也较安全，所以对于银联支付的使用会随年龄上升。

总体上来说,样本的各项条目都能与客观实际情况有较好的吻合,能较好地反映真实情况。这表明本问卷所收集的样本质量较高,在一定程度上保证了本章研究的科学性。

表5-13 月收入与使用频率交叉表

		使用频率				合计
		每周多次	每月多次	每周1次	每月1次	
月收入	1000元及以下	2	4	2	0	8
	1001~2000元	4	3	1	0	8
	2001~3000元	6	5	5	0	16
	3000元以上	161	84	33	2	280
	合计	173	96	41	2	312

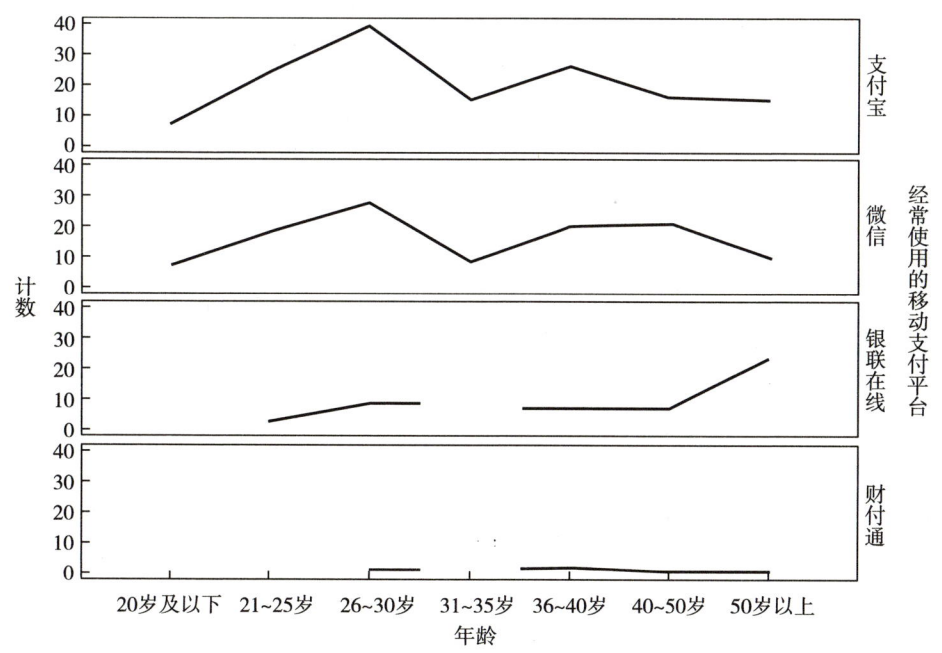

图5-2 年龄与经常使用的移动支付平台交互图

(二) 信度分析

本部分对调整后的顾客体验、平台初体验、功能体验、平台情感体验、顾客忠诚和信息性社会影响6项内容进行信度分析检验,得到的分析结果如下。

1. 问卷整体信度

在这部分中 α 值为 0.972,问卷整体信度良好,问卷内容及测量的可信度较高,如表 5-14 所示。

表 5-14 问卷整体信度分析

维度	项数	Cronbach's α
问卷整体	23	0.972

2. 顾客体验的信度

在顾客体验量表部分的信度检验中,由表 5-15 可知,各项目的 α 值均大于 0.8,问卷信度良好,问卷内容及测量的可信度较高。

表 5-15 顾客体验各维度的信度分析

维度	项数	Cronbach's α
顾客体验	13	0.950
平台初体验	4	0.861
功能体验	4	0.864
平台情感体验	5	0.879

3. 顾客忠诚的信度

因为本章的顾客忠诚研究并没有设置相应的维度进行研究,而是将顾客忠诚作为整体构念进行研究,所以只需对顾客忠诚因子进行分析即可。顾客忠诚的 α 值为 0.907,问卷信度良好,问卷内容及测量的可信度较高,如表 5-16 所示。

表 5-16 顾客忠诚信度分析

维度	项数	Cronbach's α
顾客忠诚	6	0.907

4. 信息性社会影响信度分析

信息性社会影响的 α 值为 0.871，大于 0.8，问卷信度可接受，问卷内容及测量的可信度较高，如表 5-17 所示。

表 5-17 信息性社会影响信度分析

维度	项数	Cronbach's α
信息性社会影响	4	0.871

（三）相关分析

因为本章的量表数据皆是通过李克特五分量表收集得到的，所以对公因子的数值计算可以直接通过计算可观测变量平均值即可，即将各变量下每个维度的题项数值相加，再除以题项数目得到。再计算各因子的数值，将各因子变为可操作的数据后，即可进行相应的分析。

本研究运用 Pearson 相关系数对顾客忠诚与顾客体验及其三个维度（平台初体验、功能体验、平台情感体验）进行相关性分析，所得到的相关系数如表 5-18 所示。

表 5-18 相关性

		顾客忠诚	顾客体验	平台初体验	功能体验	平台情感体验
顾客忠诚	Pearson 相关性	1	0.929**	0.844**	0.886**	0.909**
	显著性（双侧）		0.000	0.000	0.000	0.000
	N	310	310	310	310	310
顾客体验	Pearson 相关性	0.929**	1	0.931**	0.943**	0.969**
	显著性（双侧）	0.000		0.000	0.000	0.000
	N	310	310	310	310	310
平台初体验	Pearson 相关性	0.844**	0.931**	1	0.806**	0.852**
	显著性（双侧）	0.000	0.000		0.000	0.000
	N	310	310	310	310	310
功能体验	Pearson 相关性	0.886**	0.943**	0.806**	1	0.885**
	显著性（双侧）	0.000	0.000	0.000		0.000
	N	310	310	310	310	310

续表

		顾客忠诚	顾客体验	平台初体验	功能体验	平台情感体验
平台情感体验	Pearson 相关性	0.909**	0.969**	0.852**	0.885**	1
	显著性（双侧）	0.000	0.000	0.000	0.000	—
	N	310	310	310	310	310

注：**表示在 0.01 水平（双侧）上显著相关。

由表 5-18 可知，顾客体验与顾客忠诚因子的相关系数为 0.929，平台初体验与顾客忠诚相关系数为 0.844，功能体验与顾客忠诚相关系数为 0.886，平台情感体验与顾客忠诚相关系数为 0.909，且显著性水平都为 0.000，小于 0.01，说明顾客体验、平台初体验、功能体验、平台情感体验与顾客忠诚都存在极强的正相关关系。

（四）回归分析与方差分析

1. 一元回归与方差分析

根据前文的研究模型与假设可知，在顾客体验与顾客忠诚关系的回归直线方程中，Y 代表顾客忠诚，X 代表顾客体验及其各维度（平台初体验、功能体验、平台情感体验），将它们分别拟合出直线方程后，可以得出平台初体验、功能体验、平台情感体验、顾客体验对顾客忠诚的解释程度（见表 5-19 ~ 表 5-21）。

（1）平台初体验与顾客忠诚的关系。

由表 5-19 调整 R^2 可知，平台初体验解释了顾客忠诚 71.1% 的变化；由表 5-20 的 Sig. 值可以看出，该模型下的方程在 0.05 水平上显著；由表 5-21 的平台初体验 Sig. 值可以看出，平台初体验作为自变量在回归方程中的系数是显著的，β 系数高达 0.844（t = 27.595，p = 0.000），表示平台初体验越高，顾客忠诚度就越高。据此可得到一元回归方程①：顾客忠诚 = 0.592 + 0.855 × 平台初体验 + e。

表 5-19　一元回归方程①②③④模型汇总

模型	R	R^2	调整 R^2	标准估计的误差
①	0.844ª	0.712	0.711	0.54878
②	0.886ª	0.784	0.784	0.47488

续表

模型	R	R²	调整 R²	标准估计的误差
③	0.909ᵃ	0.826	0.825	0.42709
④	0.929ᵃ	0.862	0.862	0.37942

注：预测变量为（常量），平台初体验；（常量），功能体验；（常量），平台情感体验；（常量），顾客体验。因变量为顾客忠诚。

（2）功能体验与顾客忠诚的关系。

由表 5 - 19 的调整 R^2 可知，功能体验对顾客忠诚的解释率高达 78.4%；由表 5 - 20 的 Sig. 值可知，回归方程在 0.05 的水平上显著；由表 5 - 21 的 Sig. 值可以看出，功能体验作为自变量在回归方程中的系数是显著的，β 系数高达 0.886（t = 33.470，p = 0.000），表示功能体验越高，顾客忠诚度就越高。据此可以得到一元回归方程②：顾客忠诚 = 0.379 + 0.938 × 功能体验 + e。

表 5 - 20　一元回归方程①②③④的方差分析（ANOVA）

模型	平方和	df	均方	F	Sig.
回归①	229.326	1	229.326	761.462	0.000
残差	92.759	308	0.301		
总计	322.084	309	—		
回归②	252.627	1	252.627	1120.250	0.000
残差	69.457	308	0.226		
总计	322.084	309	—		
回归③	265.904	1	265.904	1457.781	0.000
残差	56.180	308	0.182		
总计	322.084	309	—		
回归④	277.744	1	277.744	1929.309	0.000
残差	44.340	308	0.144		
总计	322.084	309	—		

注：预测变量为（常量），平台初体验；（常量），功能体验；（常量），平台情感体验；（常量），顾客体验。因变量为顾客忠诚。

表 5-21　一元回归方程①②③④的系数分析（系数）

模型	非标准化系数		标准系数	t	Sig.
	β	标准误差	试用版		
（常量）①	0.592	0.117	0.844	5.079	0.000
平台初体验	0.855	0.031		27.595	0.000
（常量）②	0.379	0.103	0.886	3.691	0.000
功能体验	0.938	0.028		33.470	0.000
（常量）③	0.351	0.091	0.909	3.864	0.000
平台情感体验	0.909	0.024		38.181	0.000
（常量）④	0.078	0.085	0.929	0.917	0.000
顾客体验	0.999	0.023		43.924	0.00

注：预测变量为（常量），平台初体验；（常量），功能体验；（常量），平台情感体验；（常量），顾客体验。因变量为顾客忠诚。

（3）情感体验与顾客忠诚的关系。

由表 5-19 的调整 R^2 可知，平台情感体验可以解释顾客忠诚 82.5% 的变化；由表 5-20 的 Sig. 值可知，回归方程在 0.05 的水平上显著；由表 5-21 的 Sig. 值可以看出，平台情感体验作为自变量在回归方程中的系数是显著的，β 系数高达 0.909（t = 38.181，p = 0.000），表示平台情感体验与平台的顾客忠诚间呈显著的正相关关系。据此可以得到一元回归方程③：顾客忠诚 = 0.351 + 0.909 × 平台情感体验 + e。

（4）顾客体验与顾客忠诚的关系。

由表 5-19 的调整 R^2 可知，顾客体验能够解释顾客忠诚 86.2% 的变化；由表 5-20 的 Sig. 值可以看出，回归方程在 0.05 的水平上显著；由表 5-21 的 Sig. 值可以看出，顾客体验作为自变量在回归方程中的系数是显著的，β 系数高达 0.929（t = 43.924，p = 0.000），表示第三方移动支付平台的顾客体验对顾客忠诚具有显著影响，并且为正向影响。即顾客体验越高，顾客忠诚就越高。据此可以得到一元回归方程④：顾客忠诚 = 0.078 + 0.999 × 顾客体验 + e。

综合以上结果可知，在对第三方移动支付平台的顾客体验与顾客忠诚关系研究中，当引入的影响因素越多时，顾客体验对顾客忠诚的解释能力也就越强，即顾客体验对顾客忠诚的解释能力要远高于其他三个子维度单独对顾客忠诚的解释力度。

2. 多元回归与方差分析

根据上文的表述可知,当 Y(因变量)代表顾客体验引起顾客忠诚时,其 X(自变量)共有三个,分别为平台初体验、功能体验、平台情感体验,所以我们在这一部分对顾客忠诚的三因素进行模型拟合,以及以平台初体验、功能体验、平台情感体验为自变量,顾客忠诚为因变量进行方程拟合,并通过 R^2 值对回归方程和模型的显著程度进行检测。

由表 5-22 可知,调整 R^2 值为 86.4%,表示平台初体验、功能体验、平台情感体验三个自变量可以解释顾客忠诚 86.4% 的变化,一般来说只要调整 R^2 大于 60% 都表示方程可以较好地拟合原始数据,而本部分中的调整 R^2 值为 86.4%,表明结果非常好。

表 5-22 多元线性回归方程的模型汇总

模型	R	R^2	调整 R^2	标准估计的误差
1	0.930[a]	0.866	0.864	0.37595

注:预测变量为(常量),平台初体验;(常量),功能体验;(常量),平台情感体验;(常量),顾客体验。因变量为顾客忠诚。

由表 5-23 的 Sig. 值可以看出,回归效果在 0.05 水平上是显著的(Sig. < 0.05,$F(3, 306) = 657.607$,$p = 0.000$),表明结果具有意义。因此拒绝原假设,接受备择假设,即在三个自变量(平台初体验、功能体验、平台情感体验)中,至少有一个变量能对顾客忠诚产生显著影响。

5-23 多元线性回归方程的方差分析(ANOVA)

	模型	平方和	df	均方	F	Sig.
1	回归	278.835	3	92.945	657.607	0.000
	残差	43.249	306	0.141		
	总计	322.084	309			

注:预测变量为(常量),平台初体验;(常量),功能体验;(常量),平台情感体验;(常量),顾客体验。因变量为顾客忠诚。

由表 5-24 的系数可知,三个自变量都能对顾客忠诚进行解释,并且 Sig. 值均显著小于 0.05。其中,平台情感体验对顾客忠诚具有最佳解释力,β 系数等于 0.454,可以看出对于第三方移动支付平台而言,平台情感体验越高,顾客忠诚度就越高。其次为功能体验，β 系数为 0.329，表示功能体验越好，顾客忠诚度越高。最后为平台初体验，其对顾客忠诚的解释力度较前两个变量而言相对较差，β 系数为 0.192，表示平台初体验越高，顾客忠诚度越高。并且由 VIF 值可知，虽然平台情感体验共线性 >5，但远小于 10，所以可接受，一般认为当 0 < VIF < 10 时，不存在多重共线性。因此，可以得知平台初体验、平台情感体验和功能体验三个自变量之间并无明显相关，本部分的多元线性回归拟合效果较好。

表 5-24 多元回归的系数分析（系数）

模型	非标准化系数		标准系数	t	Sig.	共线性统计量	
	β	标准误差	试用版			容差	VIF
（常量）	0.087	0.085	—	1.029	0.304	—	—
平台初体验	0.194	0.041	0.192	4.680	0.000	0.262	3.821
功能体验	0.349	0.049	0.329	7.140	0.000	0.206	4.848
平台情感体验	0.454	0.052	0.454	8.719	0.000	0.162	6.175

注：因变量为顾客忠诚。

综上所述，可以得出顾客忠诚与顾客体验各维度之间的多元回归方程：顾客忠诚 = 0.087 + 0.194 × 平台初体验 + 0.349 × 功能体验 + 0.454 × 平台情感体验 + e。

通过表 5-24 的 t 检验结果可知，第三方移动支付平台顾客体验的平台初体验、功能体验和平台情感体验对于顾客忠诚具有显著影响。

平台初体验对于顾客忠诚的影响系数为 0.194，t 检验的显著性水平 p 值为 0.000，小于 0.05，说明移动支付平台的平台初体验对顾客忠诚具有显著正向影响，子假设 H1.1 成立。

功能体验对于顾客忠诚的影响系数为 0.394，t 检验的显著性水平 p 值为 0.000，小于 0.05，说明移动支付平台的功能体验对顾客忠诚具有显著影响，且为正向关系，子假设 H1.2 成立。

平台情感体验体验对于顾客忠诚的影响系数为 0.454，t 检验的显著性水平 p 值为 0.000，小于 0.05，说明第三方移动支付平台的平台情感体验对于顾客忠诚具有显著影响，且影响为正向关系，假设 H1.3 成立。

结合上文的顾客体验与顾客忠诚一元回归分析结果可知，第三方移动支付平台的顾客体验对顾客忠诚具有显著的正向影响，假设 H1 及其三个子假设成立。

第五章　社会影响下第三方移动支付平台的顾客体验和顾客忠诚关系

（五）调节作用

在已有文献中可以得知，信息性社会影响可以作为调节变量对顾客体验与顾客忠诚的关系产生调节作用。通常在调节作用中，用自变量 X 和调节变量的乘积大小来代表调节作用大小，而其值的正负则代表调节是正向调节还是负向调节。根据统计学定义，调节作用下的回归方程一般写为 $Y = a + b1X + b2Z + b3XZ + e$ 的形式。在本章中，X 代表顾客体验，Z 代表信息性社会影响，Y 代表顾客忠诚，顾客体验对顾客忠诚的直接影响通过 b1 来表示，信息性社会影响对顾客忠诚的直接影响通过 b2 来表示，b3（XZ 的系数）反映了顾客体验与信息性社会影响交互时对顾客忠诚的调节作用的大小。当考虑有无调节作用时，我们通常只需关注 XZ 乘积项的系数大小即可，当 XZ 系数显著时，调节作用就存在，而后再进一步根据 XZ 的符号正负来判断调节的方向。

本章的调节作用可以分为四种情况：信息性社会影响对顾客体验与顾客忠诚的调节作用；信息性社会影响对平台初体验与顾客忠诚的调节作用；信息性社会影响对功能体验与顾客忠诚的调节作用；信息性社会影响对平台情感体验与顾客忠诚的调节作用。但需注意，在用 SPSS 进行调节作用操作之前，需要先将自变量和调节变量的数值进行平减（中心化）处理，即先算出两个自变量的平均值，再用变量本身的数值与平均值做差，得出相应的平减数据，之后再计算乘积项，对乘积项同样进行平减处理后再进行调节作用分析，以此来最大限度地削弱变量之间的多重共线性问题。

以下为使用 SPSS 进行数据分析后得到的处理结果及讨论：

1. 信息性社会影响对顾客体验与顾客忠诚的调节作用

由表 5-25 的调整 R^2 的 F 检验值为 0.115 可以看出，调节作用不显著。当引入信息性社会影响的调节作用时，对顾客忠诚的解释力度没有明显变化。由表 5-26 的 Sig. 值可知，回归方程结果显著。结合表 5-27 发现模型的 VIF 值远小于 10，说明各变量之间已经不存在多重共线性问题，因此得到的方程①为：顾客忠诚 = 3.690 + 0.885 × 顾客体验 + 0.057 × 信息性社会影响 - 0.051 × 交互项 + e。由表 5-27 可知，交互项在任何水平上都不显著，与信息性社会影响与顾客体验和顾客忠诚关系的模型汇总结论一致。由此我们得出结论，信息性社会影响对顾客体验与顾客忠诚关系并无明显的调节作用，假设 H2 不成立。

表 5-25　调节作用回归方程模型汇总

模型	R	R^2	调整 R^2	标准估计的误差	更改统计量		
					R 方更改	F 更改	Sig. F 更改
①	0.930	0.865	0.863	0.37725	0.001	2.500	0.115
②	0.881	0.776	0.774	0.48559	0.000	0.649	0.421
③	0.907	0.822	0.821	0.43231	0.003	5.202	0.023
④	0.916	0.839	0.837	0.41169	0.002	3.253	0.072

注：预测变量为（常量），顾客体验平减，信息性社会影响平减，顾客体验信息影响交互平减；（常量），平台初体验平减，信息性社会影响平减，平台初体验信息影响交互平减；（常量），功能体验平减，信息性社会影响平减，功能体验信息影响交互平减；（常量），平台情感体验平减，信息性社会影响平减，平台情感体验信息影响交互平减。因变量为顾客忠诚。

表 5-26　调节作用回归方程方差分析（ANOVA）

模型	平方和	df	均方	F	Sig.
回归①	278.535	3	92.845	652.370	0.000
残差	43.550	306	0.142		
总计	322.084	309	—		
回归②	249.931	3	83.310	353.315	0.000
残差	72.154	306	0.236		
总计	322.084	309	—		
回归③	264.896	3	88.299	472.465	0.000
残差	57.188	306	0.187		
总计	322.084	309	—		
回归④	270.221	3	90.074	531.451	0.000
残差	51.863	306	0.169		
总计	322.084	309	—		

注：预测变量为（常量），顾客体验平减，信息性社会影响平减，顾客体验信息影响交互平减；（常量），平台初体验平减，信息性社会影响平减，平台初体验信息影响交互平减；（常量），功能体验平减，信息性社会影响平减，功能体验信息影响交互平减；（常量），平台情感体验平减，信息性社会影响平减，平台情感体验信息影响交互平减。因变量为顾客忠诚。

第五章 社会影响下第三方移动支付平台的顾客体验和顾客忠诚关系

表5-27 调节作用回归方程系数分析（系数）

模型		非标准化系数		标准系数	t	Sig.	共线性统计量	
		β	标准误差	试用版			容差	VIF
①	（常量）	3.690	0.021	—	172.207	0.000	—	—
	顾客体验平减	0.885	0.054	0.823	16.318	0.000	0.174	5.754
	信息性社会影响平减	0.057	0.047	0.057	1.216	0.225	0.203	4.936
	顾客体验信息影响交互平减	-0.051	0.032	-0.066	-1.581	0.115	0.257	3.897
②	（常量）	3.690	0.028	—	133.788	0.000	—	—
	平台初体验平减	0.473	0.051	0.467	9.294	0.000	0.289	3.455
	信息性社会影响平减	0.423	0.052	0.424	8.079	0.000	0.266	3.759
	平台初体验信息影响交互平减	-0.027	0.034	-0.037	-0.806	0.421	0.345	2.901
③	（常量）	3.690	0.025	—	150.275	0.000	—	—
	功能体验平减	0.584	0.053	0.552	11.009	0.000	0.231	4.329
	信息性社会影响平减	0.306	0.044	0.307	6.958	0.000	0.299	3.350
	功能体验信息影响交互平减	-0.075	0.033	-0.099	-2.281	0.023	0.311	3.220
④	（常量）	3.690	0.023	—	157.802	0.000	—	—
	平台情感体验平减	0.679	0.052	0.678	12.987	0.000	0.193	5.184
	信息性社会影响平减	0.188	0.047	0.188	4.014	0.000	0.239	4.182
	平台情感体验信息影响交互平减	-0.058	0.032	-0.081	-1.804	0.072	0.262	3.813

注：预测变量为（常量），顾客体验平减，信息性社会影响平减，顾客体验信息影响交互平减；（常量），平台初体验平减，信息性社会影响平减，平台初体验信息影响交互平减；（常量），功能体验平减，信息性社会影响平减，功能体验信息影响交互平减；（常量），平台情感体验平减，信息性社会影响平减，平台情感体验信息影响交互平减。因变量为顾客忠诚。

2. 信息性社会影响对平台初体验与顾客忠诚的调节作用

由表5-25可知，调整 R^2 的 F 检验值为0.421，调节作用不显著。当引入信息性社会影响的调节作用时，对顾客忠诚的解释力度并没有明显变化。由表5-26的 Sig. 值可知，回归方程显著。再结合表5-27发现，VIF值远小于10，说明各变量之间不存在多重共线性问题，因此得到的方程②为：顾客忠诚 =

3.690 + 0.473 × 平台初体验 + 0.423 × 信息性社会影响 - 0.027 × 交互项 + e。由表 5 - 27 可知,交互项在任何水平上都不显著,与信息性社会影响与平台初体验和顾客忠诚的模型汇总结论一致。因此,我们得出结论,信息性社会影响对平台初体验与顾客忠诚关系并无明显的调节作用,假设 H2.1 不成立。

3. 信息性社会影响对功能体验与顾客忠诚的调节作用

由表 5 - 25 可知,调整 R^2 的 F 检验值为 0.023,调节作用在 0.05 的水平上显著。当引入信息性社会影响的调节作用时,方程对顾客忠诚的解释力度出现小幅上升。由表 5 - 26 的 Sig. 值可知,回归方程显著。结合表 5 - 27 发现,VIF 值远小于 10,说明各变量之间不存在多重共线性,因此得到的方程③为:顾客忠诚 = 3.690 + 0.584 × 功能体验 + 0.306 × 信息性社会影响 - 0.075 × 交互项 + e。由表 5 - 27 可知,交互项在 0.05 水平上显著,与信息性社会影响与功能体验和顾客忠诚模型汇总结论一致。因此我们得到结论,信息性社会影响对功能体验和顾客忠诚的关系具有负向调节作用,假设 H2.2 成立。

4. 信息性社会影响对平台情感体验与顾客忠诚的调节作用

由表 5 - 25 可知,调整 R^2 的 F 检验值为 0.075,调节作用不显著。当引入信息性社会影响的调节作用时,方程对顾客忠诚的解释力度没有变化。由表 5 - 26 的 Sig. 值可知,回归方程显著。结合表 5 - 27,VIF 值远小于 10,说明各变量之间已不存在多重共线性,因此得到方程④为:顾客忠诚 = 3.690 + 0.679 × 平台情感体验 + 0.188 × 信息性社会影响 - 0.058 × 交互项 + e。由表 5 - 27 可知,交互项在 0.01 和 0.05 水平上均不显著,与信息性社会影响与平台情感体验和顾客忠诚的模型汇总结论一致。因此得到结论,信息性社会影响对平台情感体验与顾客忠诚关系并无明显的调节作用,假设 H2.3 不成立。

综上所述,假设 H2 及其子假设 H2.1、子假设 H2.3 不成立,子假设 H2.2 成立。

(六) 假设验证

根据一元线性回归的显著性水平检验结果可知,H1 成立,第三方移动支付平台的顾客体验对顾客忠诚具有显著的正向影响。同时,根据多元线性回归分析得到的显著性水平检验结果,可知本章假设 H1 的三个子假设全部成立。其中,平台情感体验对于顾客忠诚的影响最为显著,其次为功能体验,最后为平台初体验。

由调节作用的方差分析显著性水平检验结果可知,本章提出的假设 H2 及其子假设 H2.1、H2.3 均不成立，子假设 H2.2 成立。即除了功能体验与顾客忠诚关系外，信息性社会影响对其他关系并不具有明显的调节作用。

五、本章小结

（一）研究结论

本章内容对于第三方移动支付平台主要从顾客体验对顾客忠诚的关系研究，以及信息性社会影响对顾客体验和顾客忠诚的调节作用两方面进行了深入的实证研究。结合相关的理论和实践，以及数据统计结果分析，得出以下结论：

（1）第三方移动支付平台的顾客体验对顾客忠诚的形成具有显著的正向影响。第三方移动支付平台的顾客体验是指，消费者在使用支付平台的过程由于受到外界营销刺激，所形成的一种主观的内心感受，是互联网环境下的"用户体验"和传统服务行业中的"顾客体验"的结合体。根据本章的统计结果可知，第三方移动支付平台的顾客体验对顾客忠诚具有显著的正向影响。这说明第三方移动支付平台可以通过提升顾客体验（平台初体验、功能体验、平台情感体验）来实现顾客忠诚度的提高，进而最大限度留存顾客，实现收益。

（2）第三方移动支付平台的顾客体验维度中，平台情感体验对顾客忠诚影响最大，其次为功能体验，平台初体验的影响最弱。这说明对于第三方移动支付平台来说，除了要通过提升平台的基本页面维护、简化页面操作、及时的反馈互动机制和渠道及保持网络稳定性等行为提升平台初体验，通过保证核心支付功能的安全、优化支付功能、满足用户多种支付需要提升功能体验外，更要关注用户的主观情感感受，要尽量为用户提供一个愉悦、舒适的支付平台使用情境，以此来构建平台顾客的忠诚度，提升平台竞争力。

（3）信息性社会影响对第三方移动支付平台的顾客体验与顾客忠诚之间并没有显著的调节作用。信息性社会影响是指，用户在使用第三方移动支付平台时，接收到的来自他人的相关信息，进而对使用行为造成影响。本章的调节作用结果显示，信息性社会影响对于顾客体验和顾客忠诚的关系并不具有显著影响。这说明用户对于第三方移动支付平台的顾客忠诚的形成多是由于自身的体验所引起，他人的信息并不会对这一形成过程产生影响。

但需要说明的是，在信息性社会影响对顾客体验和顾客忠诚关系研究的子假设中，我们发现，信息性社会影响会对功能体验和顾客忠诚的关系具有一定的调节作用。这说明，他人的信息更容易对功能性体验这一类关系到支付平台本质功能的体验和顾客忠诚关系造成影响，且为负向调节作用。这说明他人的信息性影响越强，由功能体验所带来的顾客忠诚增加值就越小。

（二）营销建议

第三方移动支付平台作为新型经济形式下的产物，其发展正处于起步阶段，还没有形成成熟的理论或成功的经验来为平台更好地发展提供建议。而且由于近两年国家政策放开，大量企业开始涉足第三方移动支付领域，竞争不断加剧。体验经济时代的消费者也越来越注重在消费过程中的体验，所以作为体验经济时代的一员，第三方移动支付平台的运营商亟须通过优化自身的顾客体验来吸引新客户、留存老客户，提升顾客的忠诚度，实现自身的发展，进而从众多支付平台中脱颖而出，独占鳌头。

根据本章研究的数据分析结果，为第三方移动支付平台的经营发展提出以下几点营销建议：

第一，优化支付功能体验，最大限度地满足用户多方面的支付需要。我们使用移动支付平台所消费的产品核心即为支付功能。一个平台可能支付功能体验极高，对于顾客忠诚的影响也不会很大，但是如果没有这一功能，就失去了第三方移动支付平台存在的必要。所以对于第三方移动支付平台运营商来说，在完善和优化其他两方面的顾客体验之前，必须完成对平台支付功能体验的优化和提升，以保证平台的支付安全及支付功能能满足用户的需求，进而提升用户忠诚度。

第二，优化平台基本的外在表征设计（如页面设计、操作设计、网络稳定性），完善支付平台初体验。支付平台初体验作为人们打开平台界面时第一个接触到的体验，对顾客体验整体的优化具有重要作用。如果初体验做得不好，很可能用户在没开始功能体验之前就会直接放弃使用。所以第三方移动支付平台的用户初体验虽然在前文的拟合方程中系数最小，对顾客忠诚的影响也最小，但是也是至关重要的，应认真对待第三方移动支付平台，并且通过优化外在表征设计，提升平台初体验。

第三，为用户创造愉悦的使用环境，提升用户情感体验。移动支付平台的概念在前文已经提及，是指通过移动终端或 PC 等设备为顾客提供支付服务的平台。这也就代表在使用第三方移动支付平台的过程中，用户始终是对着冰冷的屏幕，感受不到任何情感和温度,这也就导致了移动支付平台的用户情感体验较难。但是事情都有两面性,这也从另一个侧面证明了,在移动支付平台的基础设计越来越完善、支付功能越来越优化的今天,只要能提供较好的用户情感体验,让用户在使用过程中情绪和情感被积极地调动起来,即可获得较高的顾客忠诚度。

第四,通过合理的顾客体验营销组合来实现顾客忠诚度的提升。顾客体验的三个维度之间并不是割裂开来的,而是通过一定的组合共同作用于顾客忠诚。对于第三方移动支付平台企业来说,在完善几项顾客体验的同时,也要注重顾客体验整体的组合和优化,以求用最小的成本获得最好的顾客体验,形成现有条件下最高的顾客忠诚。

同时,由本章的数据分析可知,虽然信息性社会营销对顾客体验和顾客忠诚的整体关系并不具有显著的调节作用,却对功能性顾客体验与顾客忠诚的关系具有负向调节作用。因此,第三方支付平台运营商除了要优化营销组合以外,还要尝试控制住信息性社会影响的负向调节作用,从而保证用户的忠诚度,促进企业的发展。

(三)研究局限与展望

本章在一定程度上拓展了顾客体验与顾客忠诚的理论研究,但仍存在一定的局限性。

首先,研究样本虽然采取的是随机抽样法获取,但是由于地点的局限性,仍无法覆盖大范围的样本,样本结构的代表性有一定的局限。因此,本章结果的普适性仍需要加强,可以在之后的研究中,通过扩大样本的调查范围来实现。

其次,关于第三方移动支付平台顾客体验的量表设计,由于时间和精力的限制,仅有13项问项,用以测量三个维度,所以量表可能不能充分地体现第三方移动支付平台的全部顾客体验范围,有一定的局限性。所以在未来的研究中可以考虑进一步增加维度,对顾客体验和顾客忠诚的关系进行研究和进一步的理论完善。

最后,实证研究结果证实信息性社会影响会对第三方移动支付平台的平台功能体验和顾客忠诚关系产生负向调节作用,但由于精力的限制,并没有进一步发放新的问卷去研究该调节作用具体如何进行、会有哪些具体的影响因素,所以在未来的研究中可以在此基础上进行进一步的完善。

第六章　第三方支付平台持续使用意向研究

一、文献综述补充

（一）第三方支付平台文献综述

第三方支付平台是指由非银行的第三方机构投资运营的网上支付平台。第三方支付平台提供商通过通信、计算机和信息安全技术，在商家和银行之间建立连接，起到信用担保和技术保障的作用，从而实现消费者、金融机构和商家之间的货币支付、现金流转、资金清算、查询统计等功能（赵颖，2006）。刘珠珠等（2016）认为，第三方支付平台主要是指提供资金交易服务的平台企业，它们与各大银行签约并借助各种资金交易平台，交易成本较低、操作简单。其支付业务主要借助于互联网或其他通信网络，完成付款方与收款方之间的资金交易，从业务形式上可以划分为网络资金支付、电话支付、电视支付和货币支付等多种形式（周元军，2010）。第三方支付是移动支付的一种，国内外相关学者对移动支付有不同的分类标准，其中按照支付账户的性质可以分为以第三方支付平台为主体、以移动运营商为主体和以银行为主体三大运营类别。容玲（2012）总结了第三方支付平台的四个特征：①具有双边市场特征；②具有区别于一般平台的特殊性；③具有多平台竞争性；④第三方支付关系包括封闭式与开放式两种。作为一种新兴的支付方式，目前第三方支付尚未有统一的界定，但从前人的定义中可以归纳出第三方支付平台的三个关键词：商品或服务的交易、移动终端、无线网络（周翔，2016）。

在第三方支付平台的信任研究方面，Antony（2006）做了关于第三方支付平台对网上交易信任程度的影响研究，研究表明，电子商务网站开展第三方支付的业务有助于提升客户对网上交易的信任程度。Cynthia（2010）分析了在线交易各个环节的衔接与作用，并指出在线交易的某些环节对于解决网上交易的信用问题具有很重要的意义。在第三方支付的监督控制研究方面，Amanda（2007）对欧洲的网上交易安全性进行了分析研究，发现保障网上交易安全最核心的是监控网上的交易，应该尽量避免过多不受控制的市场碎片出现。Dan J. Kim（2009）通过举例 eBay 的支付流程，进一步明确了信用保障是由第三方支付机构来提供相应支持的。此外，Xiaorui Hu（2012）利用二阶段模型和数据进行实证研究，研究结果明确了中介平台获取利益的方式。Ziqi Liao（2012）对消费者的心理展开探讨，明确了消费者较为关注交易的类别、安全程度、价格因素、质量问题，同时分析了这些因素对消费者进行网上购物的影响作用。储涵秋（2015）深入探讨了第三方支付平台顾客满意的影响因素，构建了第三方支付平台的顾客满意影响因素研究模型。上述已有文献为本书第三方支付平台方面的研究提供了参考思路，为本书的写作奠定了基础。

（二）顾客体验文献综述

1. 顾客体验的定义及内涵

在当代，体验经济已经成为市场发展的主流方向，当前市场也越来越多地运用顾客体验进行营销。"体验"一词真正被当作经济学术语来使用是在 1970 年，由美国未来学家阿尔文·托夫勒（Alvin Tomer）在其著作《未来的冲击》中引入，而市场营销对体验的研究直到 B. Joseph Pine Ⅱ 和 James H. Gilmore（1998）发表的《体验经济时代来临》和《体验经济》才开始，他们将其界定为"个人以个性化的方式参与其中的事件"，其后又进一步诠释为"当一个人达到情绪、体力、智力甚至精神的某一特定水平时，他的意识中所产生的美好感觉，是其自身心智状态与那些策划事件之间互动作用的结果"，简而言之，体验是个人给予某些刺激而产生的内在反应（梁健爱，2004）。顾客体验一方面包括顾客所接触的体验情境及其对产品的认知，强调顾客对所接触到的物质层面情境的反应，如看到的、摸到的、闻到的、尝到的等，这些构成了顾客体验物质的、有形的基础；另一方面包括顾客对非物质体验情境的认知，如产品价格认知、服务态度认知等（Muhammad, Musa and Ali, 2014）。国内外顾客体验概念的相关定义整理如表 6-1 所示。

表6-1 顾客体验相关定义

学者	定义
Skett Nobeit	从企业与顾客的互动关系角度更加微观地表明顾客体验是企业与顾客交流感官刺激、信息和情感要素的集合
朱世平	顾客体验是为满足消费者内在体验需要而发生在消费者和公司间的一种互动行为过程
朱洪军	顾客体验从本质上说是人们用一种个性化的方式来度过一段时间,并从中获得一系列可记忆事件
黄爱光	体验是一种与参与者本人相关的个体性感受,这一感受直接来源于参与者对外界刺激的反应
温韬	顾客为满足内在的需要,在与特定产品、服务和品牌等情境因素发生互动关系的过程中所产生的感知和情感的反应
Csikszentmihalyi	流体验(Flow Experience)理论强调顾客的沉浸和投入状态,指出当个体处于流体验状态时,完全被做的事深深吸引,心情非常愉快并且感觉时间过得非常快
刘建新	顾客在商品或服务消费趋于饱和后,在以个性化方式参与的消费事件或过程中所形成的期待的、美妙的、难忘的感性与理性感受

本书在结合第三方支付平台的实际情况下,将顾客体验定义为:消费者在使用第三方支付平台过程中所感知到的平台的核心功能、支付环境、情感浸入等方面的使用体验。在体验经济的时代背景下,以关注顾客体验为核心的体验营销成为新时期企业的必然选择,制定满足顾客需求的体验营销战略显得非常必要。从根本上说,体验营销是企业通过传递体验为顾客提供价值的过程。尽管对体验的定义各有不同,但还是存在一定的共性,即体验是顾客在消费过程中形成的一种主观的内心感受。尽管关于顾客体验的研究已经有了相当的理论基础和成就,但是关于第三方支付平台顾客体验的研究却较少。

2. 顾客体验维度划分

在顾客体验维度的划分方面,不同实证研究的划分标准存在一定的区别,其中较为经典的划分有以下三种:①Holbrook 和 Hirschma(1982)将体验划分为享乐体验和功利体验两个维度,其中功利体验是指对功利性产品,即产品本质功能的体验;而享乐体验则是与产品体验相关的多种感觉(包括味觉、触觉、听觉、嗅觉及视觉印象)。这种划分是由心理学的认知层面体验和情感层面体验概念化而来的,并被众多学者在营销中的互联网购物环境下所证实。如 Grohmann

(2003)、Nobel (2005)、Overby J. W. (2006)。②Schmitt (1999) 将顾客体验划分感官体验、情感体验、思考体验、行动体验和关联体验五个维度，又称为战略管理体验模块，其中感官体验是指由视觉、听觉、嗅觉、味觉及触觉形成的知觉刺激；情感体验是由顾客使用产品所产生的感情体验，包括积极情感和消极情感；思考体验是指以创意的方式引起顾客的惊奇、兴趣，以此吸引消费者的注意力，产生消费刺激；行为体验是通过创造身体感受行为模式而形成，消费者通过行为展现自己的价值、生活形态等；关联体验是消费者理想自我的塑造及受周围文化氛围影响所形成的消费体验。Schmitt 的战略体验模块也被众多学者应用于自己的研究中，如杜建刚和范秀成（2007）。③ B. Joseph Pine Ⅱ 和 James H. Gilmore（1999）按顾客的参与程度（主动参与和被动参与）和顾客与相关事件的关系（身心投入和身体融入），将顾客体验分为四种类型：被动参与、身心投入的娱乐体验；主动参与、身体融入的教育体验；主动参与、身体融入的遁世体验；被动参与、身心投入的美学体验。其中，在营销学界普遍被接受和应用的是 Holbrook 和 Hirschma 的功利体验和享乐体验的划分标准。

除此以外，还有其他学者对顾客体验的维度进行了相关划分，如 Tucker（1991）分析了影响客户体验的十个重要因素，包括服务传递的速度、便利、选择、折扣、价值增加、客户服务、技术、质量、客户年龄结构和生活方式，并称企业必须在这些方面超越其竞争对手方可获取竞争优势；McKain（2002）总结出提高客户体验的七个方面，即可沟通性、亲和力、可信力、定制能力、可升级性和可放弃性、娱乐性，以及引人注目。归纳总结已有的顾客体验维度划分，如表 6-2 所示。

表 6-2 对顾客体验维度的不同划分

学者	顾客体验维度划分
Holbrook 和 Hirschma	享乐体验和功利体验
Schmitt	感官体验、情感体验、思考体验、行动体验和关联体验
B. Joseph Pine Ⅱ 和 James H. Gilmore	娱乐体验、教育体验、遁世体验和美学体验
Tucker	服务传递的速度、便利、选择、折扣、价值增加、客户服务、技术、质量、客户年龄结构和生活方式
Andersen 咨询公司	信任、效率、知识、掌控、选择和承诺

续表

学者	顾客体验维度划分
McKain	可沟通性、亲和力、可信力、定制能力、可升级性和可放弃性、娱乐性、引人注目
Mooney 和 Bergheim	赢得信任、鼓舞、简化事务、由我来掌握、引导我、了解我、超越我的期望、回报我和与我同在

第三方支付行业本身可以被归属为服务行业的范畴，在服务体验的理论研究中，社会体验维度被广泛地论证了会对服务体验的好坏产生影响。如 Reynolds 和 Beatty（1999）认为，顾客对服务的消费是为了实现对功能利益和社会利益的追求；李建州（2006）提出，服务体验包含功能体验、情感体验和社会体验三个维度，以餐馆为调研行业实证分析了这三个维度的合理性。张蕙等（2015）从实证角度研究顾客在购物中心体验的整体感受，验证了李建洲和范秀成的服务体验三维度。因此，本书在参考理论界范式的基础上，结合第三方支付平台自身的特点，选取功能体验、情感体验和社会体验三个维度进行研究，问卷量表设计参考李建州和范秀成的顾客体验维度量表。

3. 感知风险文献综述

最初感知风险的定义是由 Bauer 于 1960 年从心理学延伸出来的，他认为消费者购买决策中隐含着对结果的不确定，指出感知风险不是存在于真实世界的风险，只有当个体主观上感知到时，他们才会反应和处理风险。从该定义中可以看出，感知风险包括两个因素：一是决策结果的不确定性；二是错误决策的后果严重性，亦即可能损失的重要性。因此，感知风险可以定义为：消费者在购买产品或服务时所感知到的不确定和不利后果的可能性。

很多学者对感知风险的维度进行了研究，认为感知风险是一个多维度的概念。Roselius（1971）认为，消费者在做出购买决策时承担着遭受损失的风险，包括时间损失、危险损失、自我损失和金钱损失。杨永清等（2012）认为，针对移动增值服务消费者，消费者感知风险包括隐私风险、财务风险、功能风险、心理风险和时间风险。Chaudhuri（2000）通过对 Jacoby 和 Kaplan（1972）研究的财务风险、性能风险、身体风险、心理风险和社会风险五个方面对感知风险进行主成分分析，从中抽取了两个因子：功能风险，表现为财务风险、性能风险、身体风险；情感风险，表现为社会风险、心理风险。井淼等（2006）研究了互联网购物环境的感知风险，并开发了针对中国本土消费者的网上购物感知风险维度量表,结果表明,除传统购物环境风险外,隐私风险和服务风险是网上购物不同于传统购物的风险维度。

感知风险的测量方法最早是由 Cunningham(1967)提出的,他用顺序尺度直接询问受访者关于危险不确定性的感受,再将两者相乘,得出感知风险值。Dowling 和 Staelin(1994)提出,整体感知风险可以经由衡量产品种类风险与产品特定风险相加而得到,当产品特定风险大于消费者可接受的风险时,消费者将不会采用该产品。各学者提出的感知风险测量方式大致可分为两种:一种是直接询问消费者对风险的感知;另一种是使用感知风险的构面,将消费者在各个构面上的损失可能性和严重性相乘,来代表消费者的感知风险。本书采用的是直接询问的方法。

4. 用户持续使用理论综述

用户持续使用理论关注信息利用过程中用户与信息、产品、服务交互过程的评价、反馈与强化。Parthasarathy(1998)在研究信息系统时曾指出,争取一个新客户的代价是维系一个老客户所要付出的代价的 5 倍。对第三方支付平台来说,用户的持续使用比初始接受对平台的发展更为重要。从模型构建的角度来看,目前国内外持续使用行为研究可划分为以下三种模式。

(1)以技术接受模型(见图 6-1)为基础的模型构建。Davis(1989)是持这类观点的代表学者,他认为技术接受模型作为一个开放模型,没有对外部变量做出过多定义,具有广泛适用性,学者能针对不同应用背景对模型进行拓展。Hong 和 Thong(2006)提出,技术接受模型不仅适用于用户接受行为研究,同样也能解释用户的持续使用行为。

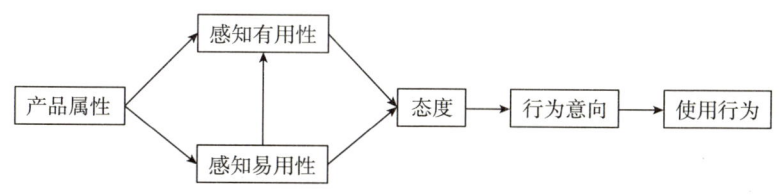

图 6-1 技术接受模型

(2)以期望确认模型为基础的模型构建。Bhattacherjee(2001)提出期望确认模型(见图 6-2),该模型认为,在使用前用户对信息系统效用有一个初始期望,而在使用后会对系统的实际效用产生一个感知认识,两者之间的落差就是期望确认度。期望确认度越高,用户认为系统越有用,对系统就越满意,从而形成持续使用意向。

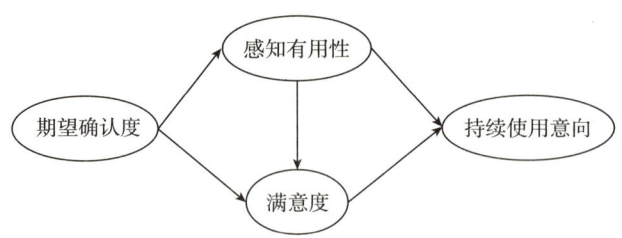

图 6-2 期望确认模型

期望确认模型提出后,学者们纷纷从知识分享(Sabrina S. S. F. and Matthew K. O. L., 2006)、政府办公(舒洁,2011)、移动搜索(刘鲁川和孙凯,2001)、在线学习(Larsen T. J., Sorebo A. M. and Sorebo O., 2009)等领域对模型的适用性进行探讨,证实该模型能有效解释用户的持续使用行为。Sabrina(2006)在期望确认模型的基础上加入主观规范变量和任务依存性变量,证实期望确认度和满意度对知识分享用户的持续使用意向有重要影响。Tang 和 Chiang(2010)在研究博客用户的持续使用行为时,在期望确认模型中加入经验变量,证实感知有用性、满意度和经验能大大促进用户对博客的持续使用意向。

(3) 整合若干模型。将现有的模型加以整合以提高模型在解释特定情境下的持续使用行为的适用性,这也是目前的研究方向之一。Liao(2009)在研究信息技术的采纳生命周期时整合了技术接受模型、期望确认模型和认知模型,并构造出信息系统使用生命周期模型,进一步实证验证了该模型能解释系统生命周期各阶段的用户行为。

5. 研究述评

通过以上文献回顾可以看出,国内外学者都对第三方支付平台、顾客体验、期望确认度、感知风险和用户持续使用意向进行了许多研究,对于顾客体验的概念、维度划分及量表开发等都已形成一定的基础,但均是在不同领域中进行。在结合第三方支付平台的实际情况下仍有研究空间:第一,国内外关于第三方支付平台的研究主要集中于信任感、监管制度等领域,关注第三方支付平台顾客体验的文献较少,本书以顾客体验为自变量,根据实际情况取其功能体验、情感体验和社会体验三维度探究其对消费者持续使用意向的影响;第二,已有不少研究分别将感知风险、感知有用性、期望确认度等作为中介变量对消费者选择意向进行研究,但将感知风险作为调节变量运用于第三方支付平台持续使用意向研究的文献较少。

二、研究模型构建与假设提出

(一) 模型构建

越来越普及的移动互联网给人们的工作、娱乐和生活带来翻天覆地的变化。在线上线下购物快速发展的环境下,人们的购物方式、支付方式也越来越高效和便捷。随着社会经济水平提升和科技发展,人们逐渐习惯了无现金生活,即使用第三方支付平台行使支付功能。新事物的出现和普及掀起了学者们对第三方支付平台的研究热潮。在第三方支付平台的选择中,人们的信息搜索成本、认知成本相对较低,再加上不同第三方支付平台推出的优惠不同,人们会面临第三方支付平台间的选择问题,很多人会同时使用两种甚至更多的支付平台。在网络购物和支付的萌芽发展阶段,学者们就开始运用不同模型对网络环境下的顾客体验和持续使用意向进行研究。代宝和刘业政(2015)基于心流体验理论和期望确认模型,利用结构方程模型进行实证分析,探讨影响微信用户持续使用意向的因素,研究结果表明,感知有用性和满意度对微信用户的持续使用意向有显著直接影响,而心流体验等顾客体验因素对持续使用意向有间接影响。刘虹、裴雷和孙建军(2014)基于期望确认模型,结合感知成本和习惯等理论研究了视频网站用户持续使用意愿和行为的作用机制,研究结果表明,期望确认模型可以有效解释视频网站持续使用意愿和行为,习惯调节了持续使用意愿和行为之间的关系,感知成本在研究中无显著影响。本章以第三方支付平台的使用者作为研究对象,以顾客体验理论、感知风险理论和用户持续使用意向模型为基础,把顾客体验、期望确认度、感知有用性、感知风险和持续使用意向联系起来,探究它们的内在关联。

本章的研究模型由自变量、中介变量、结果变量、调节变量及它们之间的关系构成。其中,前置变量为顾客体验,由顾客使用第三方支付平台的功能体验、情感体验和社会体验构成;中介变量为期望确认度和感知有用性;结果变量为用户持续使用意向;调节变量为感知风险。在对以往顾客体验对用户持续使用意向文献的研究基础上,本章构建了第三方支付平台环境下顾客体验对用户持续使用意向的理论模型,以探究期望确认度、感知有用性的中介作用和感知风险的调节作用,如图6-3所示。

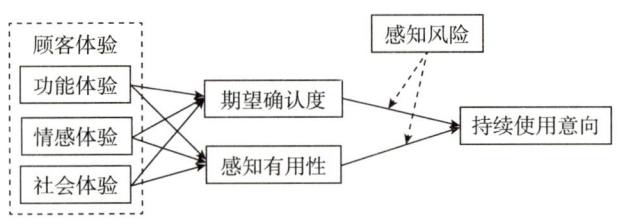

图 6-3 理论模型

(二) 研究假设的提出

1. 顾客体验对消费者持续使用意向的影响假设

在对顾客体验研究的文献中,一些研究直接或间接地检验了顾客体验和顾客满意、顾客忠诚、行为意愿之间的相互作用渠道和关系。总体上,顾客体验会正向影响顾客满意和持续使用行为意愿。Anderson 和 Sullivan (1993) 在研究中发现,顾客体验会正向影响顾客再购实行为,再购买行为用顾客的再购意向与购买意图衡量。Blackwell 等 (2001) 强调,消费者的消费体验会影响到消费者的满意程度,也会影响消费者消费后的评估。良好的消费体验会产生有力的口碑沟通效果,负面的消费体验会使顾客减少购买,也易使消费者进行夸张的负面口碑传播。李幼瑶 (2007) 在服务本质和服务营销目标诠释的基础上,研究了主题公园消费体验、体验价值和行为意向的关系,验证了体验价值对行为意向的显著影响作用,体验价值越高则对主题公园的重访意愿与推荐意愿越强。

总体上,顾客体验会正向影响顾客满意和持续使用行为意愿,但顾客体验的结构维度分类不一,由此导致对顾客持续使用行为意愿等结果变量影响研究的差异性结论,且对于顾客体验各维度的作用结果强弱关系的验证不充分且存在异议。此外,已有研究多是以线下实体为对象,对于线上第三方支付平台顾客体验的作用结果的研究较少。本章在参考上述理论界范式的基础上,结合第三方支付平台自身的特点,提出如下假设:

H1:顾客体验正向影响持续购买意向。

H1a:功能体验正向影响持续购买意向。

H1b:情感体验正向影响持续购买意向。

H1c:社会体验正向影响持续购买意向。

2. 顾客体验对期望确认度、感知有用性的影响假设

顾客体验会影响消费者的期望确认度和感知有用性。期望确认模型认为，用户在使用前对信息系统效用有一个初始期望，而在使用后会对系统的实际效用产生一个感知认识，两者之间的落差就是期望确认度。Babin 等（1994）研究得出消费者享乐及实用购物体验与整体满意度正相关的结论。Davis（1989）提出的以理性行为理论为基础的技术接受模型被广泛运用于消费者感知对态度和行为影响的研究上，这一模型十分详细地说明了消费者的感知有用性、感知易用性与消费者对新技术的接受和使用的关系。他将感知有用性定义为消费者认为某种特定技术对交易过程的便利程度，在网络支付行为的研究中，感知有用性可以定义为消费者所感受到的网络支付为其自身带来的用处与好处。杜建刚和范秀成（2007）通过对 5 个城市的 976 名游客进行调查访问，证实了感官体验、认知体验、情感体验和社会体验对于感知价值和顾客满意度的积极影响。王小娟和罗汉文（2008）构建了顾客满意与顾客体验关系示意图和顾客服务满意评价模型，最终得出顾客服务体验直接决定顾客满意度水平高低的结论。于本海和杨永清等（2015）对社区 O2O 电商接受意向的影响研究中，运用实证分析表明顾客体验对感知有用性和信任有积极影响。向坚持（2017）在 O2O 模式背景下对酒店业的体验价值、顾客满意度与行为意向的关系进行探究，研究结果表明体验价值的四个维度（网站功能价值、店家服务价值、成本价值、情感价值）都对顾客满意度有影响作用。基于以上相关文献的理论支持，本章提出以下假设：

H2：顾客体验正向影响期望确认度。

H2a：功利体验正向影响期望确认度。

H2b：情感体验正向影响期望确认度。

H2c：社会体验正向影响期望确认度。

H3：顾客体验正向影响感知有用性。

H3a：功利体验正向影响感知有用性。

H3b：情感体验正向影响感知有用性。

H3c：社会体验正向影响感知有用性。

3. 期望确认度、感知有用性对持续使用意向的影响假设

基于现有文献和联系本章实际情况提出假设：

H4：期望确认度正向影响持续使用意向。

H5：感知有用性正向影响持续使用意向。

4. 期望确认度、感知有用性的中介作用假设

现有文献将满意度、感知有用性等作为中间变量，对消费者网上持续行为进

行了相关研究。Eun-Ju Lee 等（2006）研究了消费者的网上购物行为，发现购物实用价值、购物体验与满意度都显著正相关，并进而显著影响顾客忠诚度，验证了满意度的中介作用。代宝和刘业政（2017）基于期望确认模型和心流体验理论等探讨了影响微信用户持续使用意愿的因素，结果表明，中间变量感知有用性和满意度在社会临场感和心流体验等用户体验因素对持续使用意向的影响中起中介作用。黄亨奋和吕庆华（2016）在研究网络口碑对体育用品购买决策的影响中引入感知有用性作为中介变量，运用结构方程模型对研究假设进行验证，结果表明，感知有用性在网络口碑对体育用品购买决策的影响过程中起部分中介作用。基于对前一章文献的整体回顾，得出顾客体验各维度影响期望确认度和感知有用性，同时期望确认度和感知有用性也会对用户持续使用意向产生影响。在理论基础的铺垫下本章推测，期望确认度和感知有用性在顾客体验与持续使用意向之间可能存在某种衔接作用。因此，本章提出以下假设：

H6：期望确认度在顾客体验和持续使用意向之间起中介作用。

H6a：期望确认度在功能体验和持续使用意向之间起中介作用。

H6b：期望确认度在情感体验和持续使用意向之间起中介作用。

H6c：期望确认度在社会体验和持续使用意向之间起中介作用。

H7：感知有用性在顾客体验和持续使用意向之间起中介作用。

H7a：感知有用性在功能体验和持续使用意向之间起中介作用。

H7b：感知有用性在情感体验和持续使用意向之间起中介作用。

H7c：感知有用性在社会体验和持续使用意向之间起中介作用。

5. 感知风险的调节作用假设

感知风险是消费者在购买产品或服务时所感知到的不确定和不利后果的可能性。中国互联网络信息中心（CNNIC）发布的《中国网络支付安全状况报告》显示，安全担忧是阻碍用户使用网上支付的重要原因。只有当用户感知第三方支付风险较低时，才会愿意接受并使用。报告同时显示，非网上支付用户中，30.4%的用户因为感到不安全、担心资金被盗不使用，11.8%的用户担心账户信息泄露。用户感觉到的第三方支付平台风险主要包括财务风险、隐私风险和时间风险（陈衡，2012）。刘咏梅等（2015）从产品感知风险的角度探究了消费者受情境诱导影响程度不同的原因，结果显示，高感知风险产品类型下诱导效应显著，而低感知风险产品类型下诱导效应不显著，证明了感知风险是有中介的调节变量。宋亚非和蔚琴（2013）以网上购物的消费者为研究对象，实证研究了感知风险在网络信任对网上购买冲动影响中的调节作用，结果表明，感知风险显著负向调节了网络信任和冲动购买行为之间的关系。高敏和孙洪杰（2016）运用情景模拟实验法研究了产品知识和感知风险对消费者属性同异选择的影响，实验结果显示，感知风险会调节消费者的属性同异选择，感知风险高、不具备产品知识的消费者倾向于做出属性趋同选择，感知风险低则相反。根据相关研究铺垫，本章猜测消费者感知风险的高低可能在感知有用性、期望确认度对用户持续使用意向的影响中存在调节作用。根据已有文献及本章的具体背景，提出以下假设：

H8：感知风险调节期望确认度与持续使用意向的关系。感知风险较低时，期望确认度对持续使用意向的影响相对较强；感知风险较高时，期望确认度对持续使用意向的影响相对较弱。

H9：感知风险调节感知有用性与持续使用意向的关系。感知风险较低时，感知有用性对持续使用意向的影响相对较强；感知风险较高时，感知有用性对持续使用意向的影响相对较弱。

三、研究设计与预测试

（一）变量的定义

本章根据以往研究中相关变量的定义，并结合移动支付及第三方支付平台的特点，对文中模型所涉及的变量进行定义，从而保证研究的可操作性和清晰性（见表6-3）。

表6-3　理论模型中各变量的定义

变量名称	定义	参考文献
顾客体验	消费者对第三方支付平台使用体验的评价和感受，包括功能体验、情感体验和社会体验三个方面	李建洲和范秀成（2006）
期望确认度	消费者所感受到的第三方支付平台使用后的实际绩效和使用前的期望对比的结果	Oliver（1980），Bhattacherjee（2001）
感知有用性	消费者认为使用第三方支付平台后对其生活和工作效率的提升程度	Oliver（1980），Bhattacherjee（2001）
感知风险	消费者在使用第三方支付平台过程中所感知到的不确定和不利后果的可能性	Dowling 和 Staelin（1994）

续表

变量名称	定义	参考文献
持续使用意愿	消费者在初次使用过第三方支付平台之后，愿意再次使用第三方支付平台的主观意愿	Bhattacherjee（2001）

（二）变量指标的初始筛选

1. 顾客体验的测量

研究者针对顾客体验的研究较多，而且开发出来的量表也相对成熟。本章对第三方支付平台顾客体验的功能体验、情感体验和社会体验的维度测量主要参阅了宋巍（2012）对于传统购物网站的顾客体验各维度的测量，以及李建州和范秀成（2006）对服务体验的三维度划分，同时根据第三方支付平台顾客体验的实际情况对部分测量问项进行微调，顾客体验的初始测量项如表6-4所示。

表6-4 顾客体验的初始量表

维度	测量问项	参考文献
功能体验（FE）	FE01 该第三方支付平台能够提供丰富准确的产品信息	宋巍（2012），李建州等（2006），Schmitt（1999）
	FE02 该第三方支付平台的速度与稳定性令人满意	
	FE03 该第三方支付平台浏览及支付操作方面简单易用	
	FE04 该第三方支付平台能提供有效的安全机制保护我的支付信息和个人隐私	
	FE05 我认为使用该第三方支付平台进行支付更实惠	
	FE06 该第三方支付平台经常有支付优惠活动	
	FE07 支付手段具有多样性、便利性、安全性	
情感体验（EE）	EE01 使用该第三方支付平台使我身心放松	
	EE02 使用该第三方支付平台可以使我暂时忘掉烦恼和压力	
	EE03 使用该第三方支付平台使我感到轻松愉快	
	EE04 使用该第三方支付平台有时候会带来惊喜	
	EE05 使用该第三方支付平台会使我感到兴奋	
社会体验（SE）	SE01 使用该第三方支付平台能够显示我的经济水平	
	SE02 使用该第三方支付平台能够体现我的品位	
	SE03 使用该第三方支付平台能增加别人对我的认同	
	SE04 使用该第三方支付平台能增进社会交往	

2. 期望确认度的测量

期望确认度理论发展到现在已经成为了一门相对成熟的理论，国外学者早在20世纪60年代就开始研究。目前国内外有关期望确认度的测量有很多，本章主要借鉴陈瑶和邵培基（2011）对其的测量，如表6－5所示。

表6－5 期望确认度的初始量表

变量名称	测量问项	参考文献
期望确认度	EC01 使用该第三方支付平台的收获比我预期的要大	陈瑶和邵培基（2011）
	EC02 该第三方支付平台所提供的功能比我预期的要多	
	EC03 该第三方支付平台所提供的功能比我预期的要好	
	EC04 总的来说，我对该第三方支付平台的期望在使用后都得到了满足	

3. 感知有用性的测量

本章对感知有用性的解释是消费者在使用第三方支付平台后感受到的这种支付方式对其生活、学习和工作效率等各方面的提升程度，换句话说，也就是消费者在使用第三方支付平台后感受到的利得益处。本章对感知有用性的量表设计主要借鉴贾鹏飞（2017）的研究，如表6－6所示。

表6－6 感知有用性的初始量表

变量名称	测量问项	参考文献
感知有用性（PU）	PU01 该第三方支付平台能让我更容易地完成支付目的	贾鹏飞（2017）
	PU02 该第三方支付平台能让我更快捷地完成支付目的	
	PU03 该第三方支付平台能让我更有效率地购买到我喜欢的产品和服务	
	PU04 该第三方支付平台能以优惠的价格购买产品和服务	
	PU05 总的来说，该第三方支付平台对我来说是有用的	

4. 感知风险的测量

感知风险是人们在做一件事的时候自己所感受到的可能的但又不可预测确定发生的可能会造成的人身、财产等损失。感知风险最早由Barter（1960）引入消费中。近年来，各种电信诈骗层出不穷，在第三方支付平台使用过程中，无线网络环境不安全、链接陷阱或者支付平台本身存在系统漏洞,这些漏洞被一些不法分子利用后会给消费者造成巨大的损失。面对种种风险,各第三方支付平台的安全技术防范和资金安全保护正在不断加强。但消费者持续使用移动购物平台的意向会不会受到感知风险的影响还有待进一步证实。本章对感知风险的量表设计主要参考贾鹏飞(2017)的研究,具体如表6-7所示。

表6-7 感知风险的初始量表

变量名称	测量问项	参考文献
感知风险 (PR)	PR01 使用该第三方支付平台可能会造成我的财产损失	贾鹏飞(2017)
	PR02 该第三方支付平台的安全没有达到我的预期要求	
	PR03 使用该第三方支付平台会让我因害怕账号密码信息和个人隐私泄露感到担心和紧张	
	PR04 使用该第三方支付平台花费了我较长的时间	
	PR05 该第三方支付平台系统存在安全漏洞	

5. 持续使用意向的测量

消费者的持续使用意向即消费者在使用某产品后,想进行再次使用的意愿十分强烈。结合第三方支付平台的特性,本章认为持续使用意向是消费者在初次使用过第三方支付平台之后,愿意继续使用第三方支付平台的主观意愿。本章对持续使用意向的量表设计主要参考了陈瑶和邵培基(2011)的研究,测量问项如表6-8所示。

表6-8 持续使用意向的初始量表

变量名称	测量问项	参考文献
持续使用意向 (CI)	CI01 未来我打算继续使用该第三方支付平台	陈瑶和 邵培基(2011)
	CI02 未来我愿意继续使用该第三方支付平台	
	CI03 未来我依然会经常使用该第三方支付平台	

(三)问卷调研方案设计

1. 问卷设计

由于本章的所有变量都是针对个体消费者展开研究的,因而本章采用调查问卷的方式进行定量研究。为了保证调查的质量，本章对各个变量的测量主要选用国内外已经使用过的成熟量表，通过整合设计出了小样本调查问卷。

问卷调查的目的是了解消费者对第三方支付平台的使用、评价及持续访问的状况，并收集实证研究所需要的数据。具体来说，本章的问卷主要包括以下内容：了解顾客的基本情况和使用第三方支付平台经验等，该部分通过7个问项进行调查；了解顾客对于经常使用的第三方支付平台的体验情况、期望确认度、感知有用性、感知风险及持续使用意向，该部分主要通过顾客体验的16个问项、期望确认度的4个问项、感知有用性的5个问项、感知风险的5个问项及持续使用意向的3个问项，共计33个问项来了解顾客使用第三方支付平台的情况。

2. 研究对象的确定

本章的研究对象为使用过第三方支付平台的消费者。要求被调查者对第三方支付平台熟悉或使用过第三方支付平台。如今不带现金购物成为一种趋势，手机条形码刷一刷、扫一扫就能快速完成支付，越来越多人成为第三方支付的使用者。为了使样本分布尽量广泛和平均，本章对不同年龄、性别、职业、学历等的被调查者进行问卷发放。

3. 问卷发放方式

本次问卷主要使用网络平台进行发放，同时也使用了人际关系的"滚雪球"方式收集问卷。问卷发放通过两种途径进行：第一种是通过自己的朋友圈将问卷发放给同学和亲朋好友请他们填写问卷；第二种是请同学和亲朋好友在他们的朋友、公司同事中等扩散问卷。

4. 预测试与测量问项修正

本章需要利用问卷对使用过第三方支付平台的消费者进行调查，而问卷在正式投入使用之前就需要对其可靠度和一致性进行检验。只有可靠度和效度在可接受的范围内，调研到的数据才有使用价值，才支持后续研究的进行。预测试主要有两个流程：第一个流程是问卷小规模的发放；第二个流程是通过软件对收集的数据进行处理和分析，为后面正式问卷的修改及实证研究的开展做重要铺垫。本章的小样本测试问卷于2018年7月通过网络发放，随机选取了70位顾客的问卷，其中有效问卷63份，有效回收率为90%。运用SPSS 20.0软件对63份有效问卷进行项目分析及问卷的效度和信度检验，检验问卷鉴别度、效度情况及可信度，根据数据结果进行测量问项的修正，最终形成正式问卷。

5. 项目分析

项目分析是对测验中每个测题的质量进行分析，通过求出问项的决断值，检测各个题项的显著性水平，进而测量不同特质受试者对问项的反应程度，对未达到显著性水平的问项予以删除。

（1）顾客体验量表项目分析。

对顾客体验预测试问卷的 16 道题目进行分析。计算各样本答题总分并对其进行降序排列。排列后的总分前 27% 和后 27% 处所对应的临界数分别为 70 和 55，分组进行独立样本 t 检验，分析结果如表 6 – 9 所示。

表 6 – 9 顾客体验量表项目分析

编码	问项	显著性
FE01	该第三方支付平台能够提供丰富准确的产品信息	0.002
FE02	该第三方支付平台的速度与稳定性令人满意	0.000
FE03	该第三方支付平台浏览及支付操作方面简单易用	0.000
FE04	该第三方支付平台能提供有效的安全机制保护我的支付信息和个人隐私	0.000
FE05	我认为使用该第三方支付平台进行支付更实惠	0.000
FE06	该第三方支付平台经常有支付优惠活动	0.000
FE07	支付手段具有多样性、便利性、安全性	0.001
EE01	使用该第三方支付平台使我身心放松	0.000
EE02	使用该第三方支付平台可以暂时忘掉烦恼和压力	0.000
EE03	使用该第三方支付平台使我感到轻松愉快	0.000
EE04	使用该第三方支付平台有时候会带来惊喜	0.000
EE05	使用该第三方支付平台会使我感到兴奋	0.000
SE01	使用该第三方支付平台能够显示我的经济水平	0.001
SE02	使用该第三方支付平台能够体现我的品位	0.000
SE03	使用该第三方支付平台能增加别人对我的认同	0.000
SE04	使用该第三方支付平台能增进社会交往	0.000

通过表 6 – 9 数据结果可知，16 个测量题项的 t 检验显著性水平均小于 00.05，故通过检验，全部保留。

（2）期望确认度量表项目分析。

对期望确认度预测问卷的 4 道题目进行分析。计算各题总分并对其进行降序排列。排列后的总分前27%和后27%处所对应的数分别为17和10,分组进行独立样本 t 检验,分析结果如表 6-10 所示。

表 6-10 期望确认度量表项目分析

编码	问项	显著性
EC01	使用该第三方支付平台的收获比我预期的要大	0.000
EC02	该第三方支付平台所提供的功能比我预期的要多	0.000
EC03	该第三方支付平台所提供的功能比我预期的要好	0.000
EC04	总的来说,我对该第三方支付平台的期望在使用后都得到了满足	0.000

通过表 6-10 可知,期望确认度的四个问项的 t 检验显著性水平均小于 0.05,故通过检验,全部保留。

(3) 感知有用性量表项目分析。

对感知有用性预测问卷的 5 道题目进行分析,计算各题总分并对其进行降序排列。排列后的总分前27%和后27%处所对应的数分别为21和18,分组进行独立样本 t 检验,分析结果如表 6-11 所示。

表 6-11 感知有用性量表项目分析

编码	问项	显著性
PU01	该第三方支付平台能让我更容易地完成支付目的	0.000
PU02	该第三方支付平台能让我更快捷地完成支付目的	0.000
PU03	该第三方支付平台能让我更有效率地购买到我喜欢的产品和服务	0.000
PU04	该第三方支付平台能以优惠的价格购买产品和服务	0.000
PU05	总的来说,该第三方支付平台对我来说是有用的	0.002

通过表 6-11 可知,期望确认度的五个问项的 t 检验显著性水平均小于 0.05,故通过检验,全部保留。

(4) 感知风险量表项目分析。

对感知风险预测问卷的 5 道题目进行分析。计算各题总分并对其进行降序排列。排列后的总分前27%和后27%处所对应的数分别为21和11,分组进行独立样本 t 检验,分析结果如表 6-12 所示。

表 6-12　感知风险量表项目分析

编码	问项	显著性
PR01	使用该第三方支付平台可能会造成我的财产损失	0.000
PR02	该第三方支付平台的安全没有达到我的预期要求	0.000
PR03	使用该第三方支付平台会让我因害怕账号密码信息和个人隐私泄露感到担心和紧张	0.000
PR04	使用该第三方支付平台花费了我较长的时间	0.000
PR05	该第三方支付平台系统存在安全漏洞	0.000

通过表 6-12 可知，感知风险的五个问项的 t 检验显著性水平均小于 0.05，故通过检验，全部保留。

（5）持续使用意向量表项目分析。

对感知风险预测问卷的 3 道题目进行分析。计算各题总分并对其进行降序排列。排列后的总分前 27% 和后 27% 处所对应的数分别为 13 和 10，分组进行独立样本 t 检验，分析结果如表 6-13 所示。

表 6-13　持续使用意向量表项目分析

编码	问项	显著性
CI01	未来我打算继续使用该第三方支付平台	0.000
CI02	未来我愿意继续使用该第三方支付平台	0.000
CI03	未来我依然会经常使用该第三方支付平台	0.000

通过表 6-13 可知，持续使用意向的三个问项的 t 检验显著性水平均小于 0.05，故通过检验，全部保留。

综上所述，通过独立 t 检验对各量表进行分析，发现所有问项都通过检测，具有一定的显著性，所以问项全部保留。

（四）信度分析

在对数据进行分析前，需要对问卷的整体可靠性进行分析，用以判断问项的一致性。最常用 Cronbach's α 系数来测量问项之间的一致性。在 Cronbach's α 取值多大问卷才能被认为信度较高这一问题上，学术界并没有达成一致。但是根据大多数学者的观点，如果取值在 0.7 以上，那么该数据就不失其研究价值，问卷的问项就被认为是可接受的。通过对各变量的信度分析,发现其 Cronbach's α 值均大于 0.7,总量表的 Cronbach's α 值达到了 0.8 以上,说明量表的信度较好(见表 6-14、表 6-15)。

表 6-14 Cronbach's α 信度系数检验

变量	测量问项	Cronbach's α 值
功能体验	FE01、FE02、FE03、FE04、FE05、FE06、FE07	0.952
情感体验	EE01、EE02、EE03、EE04、EE05	0.977
社会体验	SE01、SE02、SE03、SE04	0.954
期望确认度	EC01、EC02、EC03、EC04	0.915
感知有用性	PU01、PU02、PU03、PU04、PU05	0.922
感知风险	PR01、PR02、PR03、PR04、PR05	0.957
持续使用意向	CI01、CI02、CI03	0.907

表 6-15 问卷总体信度

Cronbach's α	项数
0.878	33

(五) 效度分析

一般来说,对研究变量的所有测量题项进行因素分析时,测量量表是否适合做因子分析,主要是通过它的 KMO 测度和 Bartlett 球体检验条目结果来进行判断。马庆国 (2002) 认为,一般 KMO 值在 0.7 以上,并且 Bartlett 球体检验的显著性概率小于等于显著性水平时,可做因子分析。

本章采用主成分因子分析法对测量条目进行因素提取,并用方差最大 (Varimax) 法进行因子旋转,将特征值大于 1 或者提取固定数量因子作为因子提取的标准。若测量条目的因子负载小于 0.5,则删除该条目,当剩余测量条目的因子负载都大于 0.5 且解释方差的累计比例大于 50% 时,则表示测量条目是符合要求的。

1. 顾客体验量表的效度分析

通过检验得到顾客体验量表 KMO 测试值为 0.848,卡方值为 1519.739,显著性概率为 0.000,适合进行因子分析,如表 6-16 所示。

表 6−16　顾客体验量表 KMO 和 Bartlett 球形度检验

取样足够度的 Kaiser-Meyer-Olkin 度量		0.848
Bartlett 球形度检验	近似卡方	1519.739
	df	120
	Sig.	0.000

通过主成分分析法提取因素,固定提取 3 个因子。因子解释的方差累计比例为 87.068%,能较大比重地解释全部的题项,经过极大方差旋转后的因子载荷矩阵如表 6−17 所示。

表 6−17　旋转成分矩阵

	成分		
	1	2	3
FE07	0.850	0.120	0.409
FE05	0.839	0.307	0.318
FE01	0.835	0.056	0.270
FE02	0.783	0.376	0.262
FE03	0.777	0.325	0.208
FE04	0.741	0.422	0.279
FE06	0.592	0.480	0.448
EE01	0.231	0.916	0.171
EE04	0.183	0.904	0.201
EE05	0.250	0.880	0.318
EE03	0.245	0.880	0.292
EE02	0.312	0.865	0.282
SE01	0.341	0.260	0.833
SE03	0.420	0.335	0.783
SE04	0.347	0.443	0.763
SE02	0.535	0.293	0.738

注:提取方法为主成分分析。旋转法为具有 Kaiser 标准化的正交旋转法,旋转在 5 次迭代后收敛。

提取因子时,可发现 FE06(该第三方支付平台经常有支付优惠活动)经过因子旋转后的因子载荷数值在三个因子中都较高,且进一步分析发现,FE06 与 FE05(我认为使用该第三方支付平台进行支付更实惠)所测内容较为相似,都是调查第三方支付平台的优惠活动,两者存在一定的共性,故将其删去。

剔除 FE06(该第三方支付平台经常有支付优惠活动)后,再次对顾客体验进行信效度检验,得到 KMO 样本测度值为 0.855,卡方值为 1384.48,显著性概率为 0.000,表明结果依然适合做因子分析,数据结果如表 6-18 所示。

表 6-18　顾客体验的 KMO 和 Bartlett 球形度检验

取样足够度的 Kaiser-Meyer-Olkin 度量		0.855
Bartlett 球形度检验	近似卡方	1384.480
	df	105
	Sig.	0.000

重新进行因子旋转后,因子解释的方差累计百分比有所提高,达到 87.774%,能够更好地解释顾客体验这一变量,旋转后的因子载荷矩阵如表 6-19 所示。

表 6-19　旋转成分矩阵

	成分		
	1	2	3
EE01	0.919	0.232	0.172
EE04	0.904	0.179	0.199
EE03	0.882	0.243	0.292
EE05	0.881	0.246	0.317
EE02	0.865	0.304	0.279
FE07	0.121	0.844	0.407
FE05	0.311	0.840	0.320
FE01	0.059	0.836	0.272
FE02	0.380	0.784	0.264
FE03	0.328	0.776	0.209
FE04	0.425	0.742	0.281
SE01	0.262	0.339	0.833
SE03	0.338	0.418	0.783
SE04	0.447	0.348	0.765
SE02	0.297	0.536	0.739

注:提取方法为主成分分析。旋转法为具有 Kaiser 标准化的正交旋转法,旋转在 5 次迭代后收敛。

根据因子分析的结果，结合问卷调查题项所测量的内容，本章将三个因子分别命名为功能体验、情感体验和社会体验，也就是顾客体验的三个维度。在这里功能体验有 6 个问项测量，情感体验有 5 个问项，社会体验有 4 个问项。

2. 期望确认度的效度分析

对期望确认度的四个题项进行因子分析，KMO 值为 0.806，卡方值为 192.791，显著性为 0.000，适合做因子分析，如表 6-20 所示。

表 6-20 期望确认度 KMO 和 Bartlett 球形度检验

取样足够度的 Kaiser-Meyer-Olkin 度量		0.806
Bartlett 球形度检验	近似卡方	192.791
	df	6
	Sig.	0.000

用主成分分析法提炼因子，提取出 1 个特征值大于 1 的因素。该因子解释的方差累计比例为 80.878%，说明提取的因子对期望确认度这一指标有较好解释。如表 6-21 所示。

表 6-21 成分矩阵

因子	测量题项	成分
期望确认度	EC03 该第三方支付平台所提供的功能比我预期的要好	0.949
	EC04 总的来说，我对该第三方支付平台的期望在使用后都得到了满足	0.908
	EC01 使用该第三方支付平台的收获比我预期的要大	0.872
	EC02 该第三方支付平台所提供的功能比我预期的要多	0.866
累计方差解释量		80.878%

由表 6-21 可以看出，因子 F1 由 EC03、EC04、EC01 和 EC02 这四个题项解释，本章将其命名为"期望确认度"因子。

3. 感知有用性的效度分析

对感知有用性的五个题项进行因子分析，KMO 值为 0.764，卡方值为 271.303，显著性为 0.000，适合做因子分析，如表 6-22 所示。

表6-22 感知有用性 KMO 和 Bartlett 球形度检验

取样足够度的 Kaiser-Meyer-Olkin 度量		0.764
Bartlett 球形度检验	近似卡方	271.303
	df	10
	Sig.	0.000

用主成分分析法提炼因子,提取出1个特征值大于1的因素。该因子解释的方差累计比例为77.019%,说明提取的因子对感知有用性这一指标有较好解释,如表6-23所示。

表6-23 成分矩阵

因子	测量题项	成分
感知有用性	PU03 该第三方支付平台能让我更有效率地购买到我喜欢的产品和服务	0.924
	PU01 该第三方支付平台能让我更容易地完成支付目的	0.924
	PU02 该第三方支付平台能让我更快捷地完成支付目的	0.906
	PU04 该第三方支付平台能以优惠的价格购买产品和服务	0.837
	PU05 总的来说,该第三方支付平台对我来说是有用的	0.790
累计方差解释量		77.019%

由表6-23可以看出,因子F1由PU03、PU01、PU02、PU04和PU05这五个题项解释,本章将其命名为"感知有用性"因子。

4. 感知风险的效度分析

对感知风险的五个题项进行因子分析,KMO值为0.845,卡方值为347.75,显著性为0.000,适合做因子分析,如表6-24所示。

表6-24 感知风险 KMO 和 Bartlett 球形度检验

取样足够度的 Kaiser-Meyer-Olkin 度量		0.845
Bartlett 球形度检验	近似卡方	347.750
	df	10
	Sig.	0.000

O2O 商业模式下第三方支付平台的顾客体验研究

用主成分分析法提炼因子，提取出 1 个特征值大于 1 的因素。该因子解释的方差累计比例为 85.602%，说明提取的因子对感知风险这一指标有较好解释，如表 6-25 所示。

表 6-25 成分矩阵

因子	测量题项	成分
感知风险	PR01 使用该第三方支付平台可能会造成我的财产损失	0.949
	PR02 该第三方支付平台的安全没有达到我的预期要求	0.939
	PR05 该第三方支付平台系统存在安全漏洞	0.915
	PR03 使用该第三方支付平台会让我因害怕账号密码信息和个人隐私泄露感到担心和紧张	0.913
	PR04 使用该第三方支付平台花费了我较长的时间	0.909
累计方差解释量		77.019%

由表 6-25 可以看出，因子 F1 由 PR01、PR02、PR05、PR03 和 PR04 这五个题项解释，本章将其命名为"感知风险"因子。

5. 持续使用意向的效度分析

对持续使用意向的三个题项进行因子分析，KMO 值为 0.747，卡方值为 132.046，显著性为 0.000，适合做因子分析，如表 6-26 所示。

表 6-26 持续使用意向 KMO 和 Bartlett 球形度检验

取样足够度的 Kaiser-Meyer-Olkin 度量		0.747
Bartlett 球形度检验	近似卡方	132.046
	df	3
	Sig.	0.000

用主成分分析法提炼因子，提取出 1 个特征值大于 1 的因素。该因子解释的方差累计比例为 85.754%，说明提取的因子对持续使用意向这一指标有较好解释，如表 6-27 所示。

第六章　第三方支付平台持续使用意向研究

表6-27　成分矩阵

因子	测量题项	成分
持续使用意向	CI03 未来我依然会经常使用该第三方支付平台	0.944
	CI01 未来我打算继续使用该第三方支付平台	0.922
	CI02 未来我愿意继续使用该第三方支付平台	0.912
	累计方差解释量	85.754%

由表6-27可以看出，因子F1由CI03、CI01和CI02这三个题项解释，本章将其命名为"持续使用意向"因子。

（六）测量问项修正

通过对预测问卷的项目分析、效度与信度检验，发现问卷的设计基本上通过检验，公因子检验结果和假设模型达到一致，有较好的解释性。只是在进行顾客体验量表的检验时，有一个题项不符合检验标准，故将其剔除，并将顾客体验划分为功能体验、情感体验和社会体验三个维度进行测量，具体因素前文已经分析。最终得到问卷的项数为32项，据此得到了调研的大样本问卷（见附录）。

四、实证分析

（一）数据收集

经过预测试及问卷修正后，笔者在2018年8月进行了大规模问卷发放。笔者在问卷调研平台"问卷星"上制作好问卷后（链接：http://www.wjx.cn/jq/2678377.aspx），将链接发送给好友，并通过微信朋友圈、微博、QQ空间等平台以人际关系"滚雪球"的方式进行扩散。一般而言，问卷的数量要满足以下要求：样本量和测量题项比例要保证在5∶1以上，且总量不得少于100份。本章共有32个测量项，故而问卷发放份数应该不低于160份。本章通过问卷星发放问卷，回收400份，有效问卷375份，有效回收率为93.8%。

(二) 描述性统计分析

1. 被调查者基本情况分析

表6-28描述了受访对象的人口统计变量的基本情况。从受访对象的性别来看,49.3%的被调查者是男性,50.7%的是女性,受访者的性别分布较为平均。从受访对象的年龄分布来看,被调查者处于25~34岁和35~44岁年龄层较多,比例分别为22.9%和23.2%,另外,18岁以下的受访者占16.3%,18~24岁占19.7%,44岁以上的占17.9%。从受访者受教育程度看,高中及以下占20.5%,中专/大专占21.9%,本科占25.6%,硕士研究生占15.7%,博士研究生占到16.3%。从职业来看,在校学生和教师/政府/事业单位员工的比例均为22.4%,企业职员的比例为33.9%,其他职业占比为21.3%。从月可支配收入水平看,1000元以下的比例是16.8%,1001~2000元的占到18.9%,2001~3000元的占到14.9%,3001~5000元的占25.3%,5000元以上的占比为24%。通过人口统计变量的分析可知,本次第三方支付平台持续使用意向调查的受访者在性别、年龄、学历、职业和月可支配收入的分布上较为平均。

表6-28 受访对象基本情况描述分析

统计量	分组	频数	百分比(%)	有效百分比(%)	累计百分比(%)
性别	男	185	49.3	49.3	49.3
	女	190	50.7	50.7	100.0
	合计	375	100.0	100.0	—
年龄	18岁以下	61	16.3	16.3	16.3
	18~24岁	74	19.7	19.7	36.0
	25~34岁	86	22.9	22.9	58.9
	35~44岁	87	23.2	23.2	82.1
	44岁以上	67	17.9	17.9	100.0
	合计	375	100.0	100.0	—
学历	高中及以下	77	20.5	20.5	20.5
	中专/大专	82	21.9	21.9	42.4
	本科	96	25.6	25.6	68.0
	硕士研究生	59	15.7	15.7	83.7
	博士研究生	61	16.3	16.3	100.0

续表

统计量	分组	频数	百分比（%）	有效百分比（%）	累计百分比（%）
学历	合计	375	100.0	100.0	—
职业	在校学生	84	22.4	22.4	22.4
	教师/政府/事业单位员工	84	22.4	22.4	44.8
	企业职员	127	33.9	33.9	78.7
	其他	80	21.3	21.3	100.0
	合计	375	100.0	100.0	—
月可支配收入	1000 元以下	63	16.8	16.8	16.8
	1001~2000 元	71	18.9	18.9	35.7
	2001~3000 元	56	14.9	14.9	50.7
	3001~5000 元	95	25.3	25.3	76.0
	5000 元以上	90	24.0	24.0	100.0
	合计	375	100.0	100.0	—

2. 被调查者第三方支付平台使用情况

从使用过的第三方支付平台情况来看，使用过支付宝和财务通（微信支付）的人数远多于使用过其他平台的人数，分别有 310 人（82.7%）和 320 人（85.3%），说明支付宝和财付通（微信支付）是现今生活中使用最广的两种第三方支付平台。从被调查者最常使用的第三方支付平台来看，选支付宝的人数有 170 人，占总人数的 45.3%，选财付通（微信支付）的人数为 167 人，占总人数的 44.5%，两者合计近 90%，进一步说明支付宝和财付通（微信支付）是人们使用频率最高的第三方支付平台（见表 6-29）。

表 6-29 被调查者第三方支付平台使用情况

统计量	分组	频率	百分比（%）
最常使用的第三方支付平台	支付宝	170	45.3
	财付通（微信支付）	167	44.5
	银联商务	20	5.3
	快钱	11	2.9
	拉卡拉	7	1.9
	合计	375	100.0

续表

统计量	分组	频率	百分比（%）
使用过的第三方支付平台	支付宝	310	82.7
	财付通（微信支付）	320	85.3
	银联商务	177	47.2
	快钱	153	40.8
	拉卡拉	157	41.9

3. 研究变量描述性统计分析

经过正式调研获得大样本数据之后，需要对收集的数据是否服从正态分布进行检验，统计学上一般用偏度和峰度来解释数据的分布特征。一般要求偏度系数小于2，峰度系数统计量小于5。由表6-30可以看出，大样本数据服从正态分布。

表6-30 研究变量描述性分析

统计量	极小值	极大值	均值	标准差	偏度		峰度	
	统计量	统计量	统计量	统计量	统计量	标准误	统计量	标准误
功能体验	1.67	4.83	3.7276	0.75323	-0.963	0.126	0.216	0.251
情感体验	1.00	4.80	3.6389	1.09187	-0.925	0.126	-0.612	0.251
社会体验	1.00	5.00	3.8680	0.87652	-1.138	0.126	0.994	0.251
期望确认度	1.25	4.75	3.6520	0.93839	-1.280	0.126	0.240	0.251
感知有用性	1.00	5.00	3.6955	0.93999	-1.431	0.126	0.663	0.251
感知风险	1.20	4.60	3.6731	0.94041	-1.268	0.126	0.163	0.251
持续使用意向	1.00	5.00	3.6739	0.99062	-1.341	0.126	0.454	0.251

（三）信度和效度分析

1. 问卷的整体信度和效度分析

对变量之间的关系进行分析之前，首先要借助于SPSS 20.0对整体问卷的可靠性和有效性进行检验，主要是通过Cronbach's α值来观察其信度，其次通过KMO和Bartlett球形度检验看整体问卷的一致性，其主要目的是判断是否适合做进一步的因子分析。一般情况下,要求 Cronbach's α 值大于 0.7,KMO 值大于 0.6。通过对大样本的数据进行分析可知,量表总体的 Cronbach's α 为 0.978,信度较高,说明问卷的问项之间存在良好的相关性。整体问卷的 KMO 值是 0.973,效度比较高,说明适合做进一步的因子分析(见表 6-31、表 6-32)。

表 6-31 问卷整体的信度分析结果

Cronbach's α	项数
0.978	32

表 6-32 问卷整体的 KMO 和 Bartlett 球形度检验

取样足够度的 Kaiser-Meyer-Olkin 度量		0.973
Bartlett 球形度检验	近似卡方	12664.532
	df	496
	Sig.	0.000

2. 顾客体验的信度和效度分析

在对顾客体验的维度进行因子分析之前,首先要对顾客体验变量进行取样适当性检验,主要是观察 KMO 取值和 Bartlett 球形度检验值,一般要求 KMO 值大于 0.6,Bartlett 球形度检验 Sig. 值小于 0.05,KMO 值越大,说明探索性因子分析方法是适用的。

由表 6-33 可以看出,顾客体验的 KMO 值为 0.901,大于 0.6,另外 Bartlett 球形度检验值通过了显著性检验,说明顾客体验可以做进一步的因子分析。

表 6-33 顾客体验的 KMO 和 Bartlett 球形度检验

取样足够度的 Kaiser-Meyer-Olkin 度量		0.901
Bartlett 球形度检验	近似卡方	5053.931
	df	105
	Sig.	0.000

在对顾客体验的各维度进行探索性因子分析时,采用特征值大于 1 的方法,采取了最大方差法旋转,使因子分析的结果更为精确,分析结果如表 6-34 所示。

表 6-34 顾客体验解释的总方差

成分	初始特征值			提取平方和载入			旋转平方和载入		
	合计	方差的%	累计%	合计	方差的%	累计%	合计	方差的%	累计%
1	7.844	52.294	52.294	7.844	52.294	52.294	4.370	29.131	29.131
2	2.344	15.625	67.919	2.344	15.625	67.919	4.027	26.847	55.977
3	1.583	10.550	78.469	1.583	10.550	78.469	3.374	22.492	78.469
4	0.486	3.240	81.709						
5	0.429	2.859	84.568						
6	0.420	2.799	87.368						
7	0.348	2.318	89.685						
8	0.297	1.979	91.664						
9	0.266	1.773	93.438						
10	0.224	1.490	94.928						
11	0.207	1.378	96.307						
12	0.177	1.180	97.487						
13	0.154	1.027	98.515						
14	0.117	0.777	99.292						
15	0.106	0.708	100.000						

注：提取方法为主成分分析。

从表 6-34 可以看出，对于顾客体验变量可以提出三个公因子，并且这三个因子累计解释了顾客体验的 78.469%，说明这三个维度能够很好地解释顾客体验这一变量（见表 6-35）。

表 6-35 顾客体验的旋转成分矩阵

	成分		
	1	2	3
FE01	0.805	0.044	0.253
FE02	0.795	0.098	0.195
FE03	0.810	0.301	0.199
FE04	0.835	0.133	0.139
FE05	0.811	0.261	0.219
FE06	0.803	0.227	0.130

续表

	成分		
	1	2	3
EE01	0.270	0.772	0.293
EE02	0.068	0.864	0.283
EE03	0.211	0.809	0.271
EE04	0.246	0.850	0.141
EE05	0.146	0.889	0.172
SE01	0.220	0.261	0.891
SE02	0.192	0.283	0.852
SE03	0.278	0.197	0.850
SE04	0.259	0.298	0.786

注：提取方法为主成分分析。旋转法为具有 Kaiser 标准化的正交旋转法，旋转在 5 次迭代后收敛。

从表 6-35 可以看出，对于顾客体验的 15 个问项的分析结果显示，顾客体验的测量问项的载荷系数都比较高，整体问项的载荷系数都大于 0.5。根据 Churchill 的理论，将载荷系数较大的问项归为一类。因此，我们分别将各维度因子载荷系数较高的归为同一类，如表 6-35 中的黑色加粗数字所示。也就是 FE01、FE02、FE03、FE04、FE05 和 FE06 归为功能体验，EE01、EE02、EE03、EE04 和 EE05 归为情感体验，SE01、SE02、SE03 和 SE04 归为社会体验。

在对顾客体验的问项进行因子分析后，还需对公因子的测量问项内部一致性进行检验，主要是看其 Cronbach's α 系数，具体结果如表 6-36 所示。由表 6-36 可知，顾客体验的 Cronbach's α 系数达 0.932，其各维度的 Cronbach's α 系数也都大于 0.7，说明顾客体验的测量问项具很高的可靠性，测量问项之间具有较好的内在一致性。

表 6-36 顾客体验的可靠性检验

公因子	项目	Cronbach's α 系数
功能体验	FE01、FE02、FE03、FE04、FE05、FE06	0.922
情感体验	EE01、EE02、EE03、EE04、EE05	0.933
社会体验	SE01、SE02、SE03、SE04	0.935
总体	所有 15 个测项	0.932

综合以上对顾客体验的取样适当性检验、因子分析和信度分析，我们可以得出，第三方支付平台的顾客体验可以由功能体验、情感体验和社会体验三个方面进行解释。

3. 期望确认度的信度和效度分析

通过对期望确认度进行取样适当性分析（见表6-37），我们可以看出，期望确认度的 KMO 值为 0.856，大于 0.6，并且其 Bartlett 球形度 Sig. 检验值为 0.000，小于 0.01，通过了显著性检验，说明期望确认度变量的测量问项适合进行因子分析。

表6-37　KMO 和 Bartlett 球形度检验

取样足够度的 Kaiser-Meyer-Olkin 度量		0.856
Bartlett 球形度检验	近似卡方	1065.817
	df	6
	Sig.	0.000

本章通过使用 SPSS 20.0 对期望确认度进行探索性因子分析，通过最大方差法旋转得到期望确认度的解释总方差成分矩阵表，如表6-38和表6-39所示。

表6-38　期望确认度解释的总方差

成分	初始特征值			提取平方和载入		
	合计	方差的%	累计%	合计	方差的%	累计%
1	3.193	79.826	79.826	3.193	79.826	79.826
2	0.322	8.044	87.870			
3	0.258	6.453	94.323			
4	0.227	5.677	100.000			

注：提取方法为主成分分析。

由表6-38可知，期望确认度变量提取出1个公因子，即期望确认度，并且其特征值大于1，其解释的方差达到79.826%，说明期望确认度的测量问项对于这一变量的解释效果很好。

如表6-39所示，其各个测量问项的载荷系数都高于0.8，远远大于0.7，说明变量的测量问项 EC01、EC02、EC03 和 EC04 能够很好地解释期望确认度。

表6-39 期望确认度成分矩阵

	成分
	1
EC01	0.905
EC02	0.873
EC03	0.909
EC04	0.886

注：提取方法为主成分分析，已提取了1个成分。

通过对期望确认度的内部一致性进行检验，发现四个测量问项的整体 Cronbach's α 系数达到了0.914，远大于0.7，说明期望确认度的测量项目之间具有较高的一致性，量表的信度很高（见表6-40）。

表6-40 期望确认度的可靠性检验

公因子	项目	Cronbach's α
期望确认度	EC01、EC02、EC03、EC04	0.914
总体	所有四个测项	0.914

4. 感知有用性的信度和效度分析

对感知有用性的效度进行检验，数据分析结果如表6-41所示。感知有用性的 KMO 值为0.908，Sig. 值为0.000，小于0.05，通过了显著性检验，说明可以对感知有用性的测量问项进行因子分析。

表6-41 感知有用性的 KMO 和 Bartlett 球形度检验

取样足够度的 Kaiser-Meyer-Olkin 度量		0.908
Bartlett 球形度检验	近似卡方	1567.121
	df	10
	Sig.	0.000

在对感知有用性进行取样适当性分析后，还需对其进行探索性因子分析，本章采用极大方差方法旋转后得到感知有用性解释的总方差表和成分矩阵表，具体结果如表6-42所示。

表6-42 感知有用性测量问项解释的总方差

成分	初始特征值			提取平方和载入		
	合计	方差的%	累计%	合计	方差的%	累计%
1	4.001	80.029	80.029	4.001	80.029	80.029
2	0.313	6.256	86.285			
3	0.258	5.161	91.446			
4	0.226	4.521	95.966			
5	0.202	4.034	100.000			

注：提取方法为主成分分析。

由表6-42可知，感知有用性的测量问项经过处理后提取了一个公因子，即感知有用性，其特征值为4.001，并且测量问项对感知有用性的解释总方差为80.029%，说明这5个测量项目整体上能够很好地解释感知有用性这一变量。

由表6-43可知，感知有用性经过最大方差法旋转后，得到了五个测量问项的载荷系数，其载荷系数分别为0.916、0.897、0.891、0.888和0.880，均大于0.5。因此，我们可以将PU01、PU02、PU03、PU04和PU05五个测量项归为一类，即感知有用性。

表6-43 感知有用性的成分矩阵

	成分
	1
PU01	0.916
PU02	0.897
PU03	0.891
PU04	0.888
PU05	0.880

注：提取方法为主成分分析，已提取了1个成分。

在对感知有用性进行进一步的可靠性分析后，笔者得出了感知有用性的整体Cronbach's α 值为0.937，大于0.7，说明感知有用性的5个测量项目的内在一致性很好，整体的量表具有较高的信度（见表6-44）。

表6-44 感知有用性的可靠性检验

公因子	项目	Cronbach's α 系数
感知有用性	PU01、PU02、PU03、PU04、PU05	0.937
总体	所有5个测量项目	0.937

5. 感知风险的信度和效度分析

在对感知风险进行因子分析之前，首先要对感知风险变量进行取样适当性检验，KMO 和 Bartlett 球形度检验结果如表6-45所示。

表6-45 感知风险的 KMO 和 Bartlett 球形度检验

取样足够度的 Kaiser-Meyer-Olkin 度量		0.907
Bartlett 球形度检验	近似卡方	1581.884
	df	10
	Sig.	0.000

由表6-45可以看出，感知风险的 KMO 值为0.907，大于0.6，另外 Bartlett 球形度检验值通过了显著性检验，说明感知风险可以做进一步的因子分析。

在对感知风险进行探索性因子分析时，采用最大方差法旋转，使因子分析的结果更为精确，分析结果如表6-46所示。

表6-46 感知风险解释的总方差

成分	初始特征值			提取平方和载入		
	合计	方差的%	累计%	合计	方差的%	累计%
1	4.013	80.259	80.259	4.013	80.259	80.259
2	0.307	6.134	86.393			
3	0.257	5.146	91.539			
4	0.220	4.391	95.930			
5	0.203	4.070	100.000			

注：提取方法为主成分分析。

从表6-46可以看出，提取的一个因子，即感知风险因子解释了感知风险的

80.259%,说明这一因子能够很好地解释感知风险这一变量。

从表6-47可以看出,测量问项的载荷系数都比较高,均大于0.8,说明变量的测量问项 PR01、PR02、PR03、PR04 和 PR05 能够很好地解释感知风险。

表6-47 感知风险成分矩阵

	成分
	1
PR01	0.915
PR05	0.894
PR02	0.893
PR03	0.889
PR04	0.888

注:提取方法为主成分分析,已提取了1个成分。

在对感知风险的问项进行因子分析后,还需对公因子的测量问项内部一致性进行检验,主要是看其 Cronbach's α 系数,具体结果如表6-48所示。顾客体验的 Cronbach's α 系数达0.938,说明感知风险的测量问项具有很高的可靠性,测量问项之间具有较好的内在一致性。

表6-48 感知风险的可靠性检验

公因子	项目	Cronbach's α 系数
感知风险	PR01、PR02、PR03、PR04、PR05	0.938
总体	所有5个测项	0.938

6. 持续使用意向的信度和效度分析

对持续使用意向进行取样适当性分析,如表6-49所示,我们可以看出,顾客持续使用意向的 KMO 值为0.755,并且其 Bartlett 球形度 Sig. 检验值为0.000,小于0.01,通过了显著性检验,说明持续使用意向变量的测量问项适合进行因子分析。

第六章 第三方支付平台持续使用意向研究

表 6-49　KMO 和 Bartlett 球形度检验

取样足够度的 Kaiser-Meyer-Olkin 度量		0.755
Bartlett 球形度检验	近似卡方	738.236
	df	3
	Sig.	0.000

本章通过使用 SPSS 20.0 对持续使用意向进行探索性因子分析,通过最大方差法旋转得到解释总方差和成分矩阵表,如表 6-50 所示。

表 6-50　持续使用意向解释的总方差

成分	初始特征值			提取平方和载入		
	合计	方差的%	累计%	合计	方差的%	累计%
1	2.532	84.399	84.399	2.532	84.399	84.399
2	0.255	8.491	92.890			
3	0.213	7.110	100.000			

注:提取方法为主成分分析。

由表 6-50 可知,这一变量提取出 1 个公因子,即持续使用意向,并且其特征值大于 1,其解释的方差达到 84.399%,说明持续使用意向的测量问项对于这一变量的解释效果很好。

如表 6-51 所示,其各个测量问项的载荷系数都高于 0.8,远远大于 0.7,说明变量的测量问项 CI01、CI02 和 CI03 能够很好地解释持续使用意向。

表 6-51　持续使用意向成分矩阵

	成分
	1
CI03	0.925
CI01	0.920
CI02	0.911

注:提取方法为主成分分析,已提取了 1 个成分。

通过对持续使用意向的内部一致性进行检验,发现三个测量问项的整体 Cronbach's α 系数达到了 0.907,远大于 0.7,说明持续使用意向的测量项目之间具有较高的一致性,量表的信度很高(见表6-52)。

表6-52 持续使用意向的可靠性检验

公因子	项目	Cronbach's α
持续使用意向	CI01、CI02、CI03	0.907
总体	所有3个测项	0.907

对顾客体验、期望确认度、感知有用性、感知风险及持续使用意向进行信度、效度及因子分析后,数据的处理结果显示,顾客体验可以划分为三个维度,即功能体验、情感体验和社会体验;顾客体验、期望确认度、感知有用性、感知风险和持续使用意向测量问项的一致性和效度都很高,均通过了信度和效度检验,总体问卷质量较高。

(四)相关分析

在对各研究变量进行中介调节说明之前,我们需要用SPSS 20.0软件对变量进行相关性分析,用Pearson相关系数来衡量其关系程度。总的来说,相关系数低于0.4属于低相关,系数为0.4~0.6属于中度相关,大于0.6属于强相关。本章各研究变量相关分析结果如表6-53所示。

表6-53 研究变量的相关性分析

		FE	EE	SE	EC	PU	PR	CI
FE	Pearson 相关性	1	0.458**	0.513**	0.687**	0.725**	0.679**	0.673**
	显著性(双侧)	—	0.000	0.000	0.000	0.000	0.000	0.000
	N	375	375	375	375	375	375	375
EE	Pearson 相关性	0.458**	1	0.560**	0.795**	0.744**	0.809**	0.775**
	显著性(双侧)	0.000	—	0.000	0.000	0.000	0.000	0.000
	N	375	375	375	375	375	375	375
SE	Pearson 相关性	0.513**	0.560**	1	0.613**	0.612**	0.672**	0.680**
	显著性(双侧)	0.000	0.000	—	0.000	0.000	0.000	0.000
	N	375	375	375	375	375	375	375
EC	Pearson 相关性	0.687**	0.795**	0.613**	1	0.869**	0.862**	0.867**
	显著性(双侧)	0.000	0.000	0.000	—	0.000	0.000	0.000
	N	375	375	375	375	375	375	375

续表

		FE	EE	SE	EC	PU	PR	CI
PU	Pearson 相关性	0.725**	0.744**	0.612**	0.869**	1	0.860**	0.829**
	显著性（双侧）	0.000	0.000	0.000	0.000	—	0.000	0.000
	N	375	375	375	375	375	375	375
PR	Pearson 相关性	0.679**	0.809**	0.672**	0.862**	0.860**	1	0.870**
	显著性（双侧）	0.000	0.000	0.000	0.000	0.000	—	0.000
	N	375	375	375	375	375	375	375
CI	Pearson 相关性	0.673**	0.775**	0.680**	0.867**	0.829**	0.870**	1
	显著性（双侧）	0.000	0.000	0.000	0.000	0.000	0.000	—
	N	375	375	375	375	375	375	375

注：**表示在 0.01 水平（双侧）上显著相关。

由表 6-53 可知，顾客体验的各维度、期望确认度、感知有用性、感知风险及持续使用意向之间的相关系数均大于 0.6，说明各个变量之间存在着显著的正相关关系。为了进一步对变量之间的直接影响和间接影响进行研究，本章接下来对变量进行回归分析，探究其中介、调节作用。

（五）中介作用分析

为检验本章提出的模型，采用 SPSS 20.0 及 Hayes（2013）编制的 SPSS 宏程序 PROCSSS 来分析数据，检验模型中的中介和调节作用。近几年来，Hayes 开发的基于 SPSS 和 SAS 的中介和调节效应分析程序插件 Process 得到了越来越多人的应用，主要的优势有以下几点：第一，中介效应分析一步到位。在 Process 之前，中介效应分析要分三步进行，第一步检验总效应，即自变量 X 对因变量 Y 的总效应，但这一步已经被证明是没有必要的甚至是错误的，此外，结构方程模型的思路再次证明，第一步检验总效应的做法完全没有必要，Process 直接将这两步整合起来，得到一个总的结果，大大简化了步骤，结果呈现更全面。第二，调节效应分析前的数据处理自动化。在 Process 出来之前，调节效应的分析要经过两个重要环节——变量中心化和构建交互项，Process 提供了均值中心化之后的交互项设置，可以自动完成，因此更为准确高效。第三，中介效应的 Bootstrap 和 Sobel 检验可以自动处理。在 Process 开发之前，中介效应的 Bootstrap 需要特别设置，Sobel 检验需要自行计算，Process 则可以直接自动化完成，并直接得到中介效应值 Sobel 检验值 Z 和显著性水平。第四，可以处理带有控制变量的中介、调节效应模型。在中介效应和调节效应分析中,尤其是调节效应分析,经常需要对控制变量进行控制,Process 对此也有专门的设置(协变量中处理即可)。第五,处理多变量中介、调节效应更方便,例如多重中介效应、有中介的调节效应、有调节的中介效应等。

本章采用 Hayes(2013)编制的 SPSS 宏程序 PROCSSS 来分析数据,检验模型中的中介和调节作用。在控制性别、年龄、学历、职业和月可支配收入的条件下,通过 1000 次样本抽样估计中介和调节 95% 置信区间的方法对理论假设模型进行检验。

1. 共同方法偏差检验

为了检验测量结果是否受到同源偏差的影响,本章进行了 Harman 单因素检验(Harman's One-factor Test)。未经旋转的探索性因子分析显示,最大因子解释了 37.156% 的变异,没有能够解释大部分变异的单因子析出,证明共同方法偏差没有对本研究造成影响。

2. 中介作用分析

表 6-54、表 6-55 检验了以功能体验为自变量的期望确认度和感知有用性的中介效应。功能体验对持续使用意向有显著的正向影响($\beta = 0.874$,$t = 17.139$,$p < 0.01$),假设 H1a 成立,放入中介变量期望确认度和感知有用性之后,功能体验对持续使用意向的影响作用依旧显著($\beta = 0.107$,$t = 2.250$,$p < 0.05$),说明期望确认度和感知有用性在功能体验和持续使用意向之间起部分中介作用。功能体验对期望确认度($\beta = 0.841$,$t = 17.714$,$p < 0.01$)、感知有用性($\beta = 0.898$,$t = 19.909$,$p < 0.01$)有显著正向影响,假设 H2a、H3a 成立。期望确认度($\beta = 0.612$,$t = 11.516$,$p < 0.01$)和感知有用性($\beta = 0.281$,$t = 5.023$,$p < 0.01$)对持续使用意向的影响作用也显著,假设 H4、H5 成立。此外,期望确认度和感知有用性的中介效应的 Bootstrap 95% 置信区间的上、下限不包含 0,表明期望确认度和感知有用性在功能体验和持续使用意向之间起中介作用,假设 H6a、H7a 成立。

表 6-54　功能体验的期望确认度和感知有用性的中介模型检验

变量	期望确认度		感知有用性		持续使用意向			
	β	t	β	t	β	t	β	t
性别	-0.035	-0.489	-0.014	-0.207	-0.134	-1.759	-0.109	-2.244*
年龄	-0.019	-0.551	0.008	0.248	-0.008	-0.205	0.002	0.073

续表

变量	期望确认度		感知有用性		持续使用意向			
	β	t	β	t	β	t	β	t
职业	0.034	1.096	0.027	0.919	0.038	1.138	0.010	0.445
学历	-0.047	-1.040	-0.078	-1.822*	-0.016	-0.339	0.034	1.16
月可支配收入	0.051	1.547	0.023	0.744	0.009	0.257	-0.029	-1.269
功能体验	0.841	17.714**	0.898	19.909**	0.874	17.139**	0.107	2.250*
期望确认度							0.612	11.516**
感知有用性							0.281	5.023**
R	0.691		0.728		0.678		0.885	
R^2	0.478		0.530		0.460		0.783	
F (df)	56.179 (6)		69.274 (6)		52.174 (6)		164.566 (8)	

注：*、** 分别表示在 0.05、0.01 水平上显著。

表 6-55 期望确认度和感知有用性的中介效应

中介变量	间接效应值	Boot 标准误	Boot CI 下限	Boot CI 上限
期望确认度	0.515	0.087	0.363	0.705
感知有用性	0.253	0.087	0.085	0.427

注：Boot 标准误、Boot CI 下限和 Boot CI 上限分别指通过偏差矫正的百分位 Bootstrap 法估计的间接效应的标准误差、95% 置信区间的下限和上限。

表 6-56、表 6-57 检验了以情感体验为自变量的期望确认度和感知有用性的中介效应。情感体验对持续使用意向有显著的正向影响（β = 0.698，t = 23.693，p < 0.01），假设 H1b 成立，放入中介变量期望确认度和感知有用性之后，情感体验对持续使用意向的影响作用依旧显著（β = 0.181，t = 4.979，p < 0.01），说明期望确认度和感知有用性在情感体验和持续使用意向之间起部分中介作用。情感体验对期望确认度（β = 0.676，t = 25.241，p < 0.01）、感知有用性（β = 0.636，t = 21.357，p < 0.01）有显著正向影响，假设 H2b、H3b 成立。期望确认度（β = 0.501，t = 8.727，p < 0.01）和感知有用性（β = 0.281，t = 5.428，p < 0.01）对持续使用意向的影响作用也显著，假设 H4、H5 依旧成立。此外，期望确认度和感知有用性的中介效应的 Bootstrap 95% 置信区间的上、下限不包含 0，表明期望确认度和感知有用性在情感体验和持续使用意向之间起中介作用，假设 H6b、H7b 成立。

表 6-56 情感体验的期望确认度和感知有用性的中介模型检验

变量	期望确认度		感知有用性		持续使用意向			
	β	t	β	t	β	t	β	t
性别	-0.034	-0.575	-0.019	-0.300	-0.133	-2.072*	-0.111	-2.347*
年龄	-0.027	-0.931	-0.005	-0.158	-0.016	-0.499	-0.001	-0.041
职业	0.075	2.928**	0.073	2.548*	0.081	2.860**	0.023	1.081
学历	-0.044	-1.182	-0.078	-1.899	-0.013	-0.330	0.030	1.012
月可支配收入	0.047	1.742	0.026	0.874	0.006	0.186	-0.026	-1.159
情感体验	0.676	25.241**	0.636	21.357**	0.698	23.693**	0.181	4.979**
期望确认度							0.501	8.727**
感知有用性							0.281	5.428**
R	0.804		0.751		0.784		0.891	
R²	0.646		0.564		0.615		0.794	
F (df)	111.907 (6)		79.482 (6)		98.078 (6)		175.749 (8)	

注：*、**分别表示在 0.05、0.01 水平上显著。

表 6-57 期望确认度和感知有用性的中介效应

中介变量	间接效应值	Boot 标准误	Boot CI 下限	Boot CI 上限
期望确认度	0.339	0.066	0.220	0.473
感知有用性	0.178	0.061	0.061	0.292

表 6-58、表 6-59 检验了以社会体验为自变量的期望确认度和感知有用性的中介效应。社会体验对持续使用意向有显著的正向影响（β = 0.762，t = 17.509，p < 0.01），假设 H1c 成立，放入中介变量期望确认度和感知有用性之后，社会体验对持续使用意向的影响作用依旧显著（β = 0.228，t = 6.652，p < 0.01），说明期望确认度和感知有用性在社会体验和持续使用意向之间起部分中介作用。社会体验对期望确认度（β = 0.651，t = 14.750，p < 0.01）、感知有用性（β = 0.655，t = 14.751，p < 0.01）有显著正向影响，假设 H2c、H3c 成立。期望确认度（β = 0.562，t = 11.001，p < 0.01）和感知有用性（β = 0.257，t = 5.070，p < 0.01）对持续使用意向的影响作用也显著，假设 H4、H5 依旧成立。此外，期望确认度和感知有用性的中介效应的 Bootstrap 95% 置信区间的上、下限不包含 0，表明期望确认度和感知有用性在社会体验和持续使用意向之间起中介作用，假设 H6c、H7c 成立。

表6-58 社会体验的期望确认度和感知有用性的中介模型检验

变量	期望确认度		感知有用性		持续使用意向			
	β	t	β	t	β	t	β	t
性别	0.046	0.594	0.064	0.824	-0.033	-0.438	-0.075	-1.623
年龄	-0.074	-1.993*	-0.050	-1.343	-0.066	-1.795	-0.011	-0.500
职业	0.052	1.554	0.049	1.440	0.052	1.573	0.010	0.506
学历	-0.044	-0.916	-0.077	-1.577	-0.011	-0.220	0.034	1.168
月可支配收入	0.071	1.986*	0.046	1.290	0.025	0.720	-0.026	-1.220
社会体验	0.651	14.750**	0.655	14.751**	0.762	17.509**	0.228	6.652**
期望确认度							0.562	11.001**
感知有用性							0.257	5.070**
R	0.63		0.622		0.686		0.896	
R^2	0.39		0.387		0.470		0.803	
F (df)	39.59 (6)		38.727 (6)		54.372 (6)		186.779 (8)	

注:*、**分别表示在0.05、0.01水平上显著。

表6-59 期望确认度和感知有用性的中介效应

中介变量	间接效应值	Boot标准误	Boot CI 下限	Boot CI 上限
期望确认度	0.36	0.068	0.247	0.509
感知有用性	0.168	0.060	0.048	0.280

(六) 调节作用分析

感知风险对期望确认度影响持续使用意向的调节效应检验结果如表6-60所示。将感知风险放入模型后,期望确认度与感知风险的乘积项对持续使用意向 (β = -0.128, t = -3.987, p < 0.01) 有显著的作用,说明感知风险在期望确认度与持续使用意向的关系中起调节作用,假设H8成立。

表6-60 感知风险的调节效应模型检验 (a)

变量	持续使用意向	
	β	t
性别	-0.089	-2.013*
年龄	-0.010	-0.475

续表

变量	持续使用意向	
	β	t
学历	0.005	0.274
职业	0.025	0.885
月可支配收入	0.000	0.006
期望确认度	0.409	8.106**
感知风险	0.423	8.356**
期望确认度×感知风险	-0.128	-3.987**
R	0.906	
R^2	0.820	
F (df)	208.824 (8)	

注：*、**分别表示在0.05、0.01水平上显著。

进一步简单斜率分析表明（见图6-4），感知风险较低的被试，期望确认度对持续使用意向的影响更加强烈，因为他们对风险的敏感程度较低，使用第三方支付平台后达到其期望的效果后，更容易产生持续使用意向。而感知风险较高的被试，期望确认度对持续使用意向的影响相对较弱，因为感知风险较高意味着他们对外在的风险敏感程度较高，更难对第三方支付平台产生信任，所以期望确认度对其产生持续使用意向的影响不大。

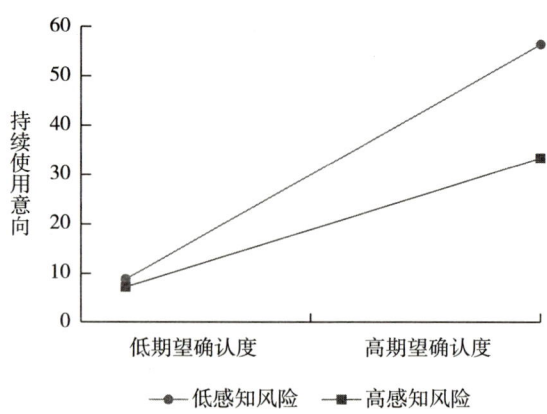

图6-4 感知风险的调节效应（a）

感知风险对感知有用性影响持续使用意向的调节效应检验结果如表6-61所示。将感知风险放入模型后,感知有用性与感知风险的乘积项对持续使用意向($\beta = -0.073$,$t = -2.054$,$p < 0.05$)有显著的作用,说明感知风险在感知有用性与持续使用意向的关系中起调节作用,假设H9成立。

表6-61 感知风险的调节效应模型检验(b)

变量	持续使用意向	
	β	t
性别	-0.088	-1.8378
年龄	-0.024	-1.014
学历	0.013	0.600
职业	0.033	1.082
月可支配收入	0.019	0.852
感知有用性	0.253	4.142**
感知风险	0.614	12.083**
感知有用性×感知风险	-0.073	-2.054*
R	0.888	
R^2	0.788	
F(df)	170.500(8)	

注:*、**分别表示在0.05、0.01水平上显著。

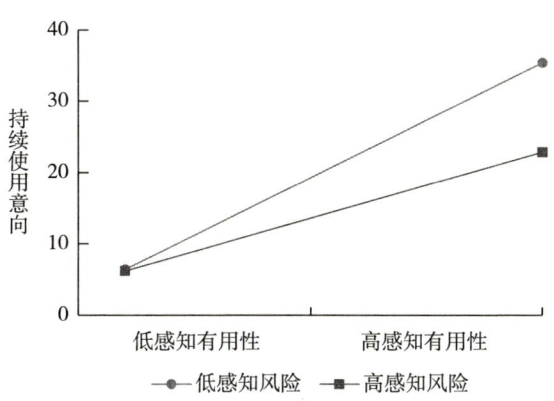

图6-5 感知风险的调节效应(b)

进一步简单斜率分析表明(见图6-5),感知风险较低的被试,感知有用性对持续使用意向的影响更加强烈,因为他们对风险的敏感程度较低,使用第三方支付平台后达到其期望的效果后,更容易产生持续使用意向。而感知风险较高的被试,感知有用性对持续使用意向的影响相对较弱,因为感知风险较高意味着他们对外在的风险敏感程度较高,更难对第三方支付平台产生信任,所以感知有用性对其产生持续使用意向的影响不大。

(七) 实证分析结果

对顾客体验、期望确认度、感知有用性、感知风险和持续使用意向进行相关数据分析后,可以发现功能体验、情感体验和社会体验在对持续使用意向有直接影响的同时,部分也通过期望确认度、感知有用性间接影响持续使用意向;期望确认度、感知有用性直接影响持续使用意向;感知风险调节了期望确认度、感知有用性对持续使用意向的影响。具体假设的检验结果如表 6-62 所示。

表 6-62 研究假设的检验结果

假设	假设内容	检验结果
H1	顾客体验正向影响持续使用意向	支持
H1a	功能体验正向影响持续使用意向	支持
H1b	情感体验正向影响持续使用意向	支持
H1c	社会体验正向影响持续使用意向	支持
H2	顾客体验正向影响期望确认度	支持
H2a	功利体验正向影响期望确认度	支持
H2b	情感体验正向影响期望确认度	支持
H2c	社会体验正向影响期望确认度	支持
H3	顾客体验正向影响感知有用性	支持
H3a	功利体验正向影响感知有用性	支持
H3b	情感体验正向影响感知有用性	支持
H3c	社会体验正向影响感知有用性	支持
H4	期望确认度正向影响持续使用意向	支持
H5	感知有用性正向影响持续使用意向	支持
H6	期望确认度在顾客体验和持续使用意向之间起中介作用	支持
H6a	期望确认度在功能体验和持续使用意向之间起中介作用	支持
H6b	期望确认度在情感体验和持续使用意向之间起中介作用	支持
H6c	期望确认度在社会体验和持续使用意向之间起中介作用	支持

续表

假设	假设内容	检验结果
H7	感知有用性在顾客体验和持续使用意向之间起中介作用	支持
H7a	感知有用性在功能体验和持续使用意向之间起中介作用	支持
H7b	感知有用性在情感体验和持续使用意向之间起中介作用	支持
H7c	感知有用性在社会体验和持续使用意向之间起中介作用	支持
H8	感知风险调节期望确认度与持续使用意向的关系	支持
H9	感知风险调节感知有用性与持续使用意向的关系	支持

五、本章小结

（一）研究结论

1. 顾客体验对持续使用意向的影响作用

第三方支付平台顾客体验的各维度（功能体验、情感体验和社会体验）对持续使用意向均有影响。通过本章的研究，功能体验、情感体验及社会体验对持续使用意向具有正向影响的假设（H1a、H1b、H1c）得到研究的支持。由此我们可以知道，顾客会综合考虑第三方支付平台功能、情感和社会三方面的体验感受，进而对第三方支付平台进行选择和使用。要想留住顾客，第三方支付公司需从顾客体验的这三方面进行改善与提高。

2. 顾客体验对期望确认度、感知有用性的影响作用

第三方支付平台的顾客体验正向影响期望确认度和感知有用性，由顾客体验对期望确认度、感知有用性的回归分析可知，功能体验、情感体验和社会体验对期望确认度和感知有用性都有着显著的正向影响。由此，我们可以得知，顾客在购买时看重的并不仅仅是产品本身，还关乎使用的感受和情感，即使用第三方支付平台时的情感融入和感受到的社会地位影响着顾客整个使用过程的满意程度。

3. 期望确认度、感知有用性的中介作用

期望确认度和感知有用性分别在顾客体验对持续使用意向的影响中起着不同程度的中介作用。本章通过 Hayes（2013）编制的 SPSS 宏程序 PROCSSS 分析，

证明了期望确认度、感知有用性分别在顾客体验的不同维度对持续使用意向的影响中起着中介作用。通过中介作用检验，发现功能体验、情感体验和社会体验的显著性系数明显下降，分别从 0.874、0.698 和 0.762 下降到 0.107、0.181 和 0.228。这说明期望确认度和感知有用性在顾客体验与持续使用意向之间起部分中介作用。第三方支付平台的顾客体验虽然对持续使用意向有着显著影响，但在一定程度上还要通过期望确认度和感知有用性间接影响持续使用意向。

4. 感知风险的调节作用

感知风险调节了期望确认度、感知有用性对持续使用意向的影响程度。由数据分析可以看出，在低感知风险的情况下，用户的持续使用意向会随着期望确认度、感知有用性的提高而显著提高；而在高感知风险的情况下，用户的持续使用意向随期望确认度、感知有用性的提高而提高，但不那么明显。对于风险敏感程度较低的被试，使用第三方支付平台达到其期望的效果后，更容易产生持续使用意向，而感知风险较高的被试，他们对外在的风险敏感程度较高，更难对第三方支付平台产生信任，所以期望确认度和感知有用性对其产生持续使用意向的影响不大。

第三方支付企业要想获得长久的顾客持续使用意向，就需要为顾客提供良好的产品功能体验、情感体验和社会体验，努力提升用户对整个第三方平台使用过程的期望确认度和感知有用性，进而促使用户形成持续使用意向，还要加强风险控制管理，以降低用户的感知风险，最终提高顾客使用某第三方支付平台的长期重复使用可能性。

（二）营销启示

在消费者使用第三方支付平台的过程中，消费者可能会涉及浏览平台信息、优惠支付方式、确定支付金额、订单生成、支付货款及资金安全保障等一系列流程。而在这一过程中，用户对第三方支付平台的使用体验会影响他决定是否会长期使用该平台及是否重复使用该平台等行为。

本章主要探讨了第三方支付平台顾客体验对持续使用意向的作用机制。结合研究目的，本章研究提出了 9 个假设，并通过数据分析对假设进行一一验证。本节主要探讨这些研究假设的实际意义，并结合了目前第三方支付平台的发展现状，提出相应的建议来提高顾客对于第三方支付平台的持续使用意向。

1. 优化第三方平台设计，提升平台功能体验

本章通过实证证明，第三方支付平台的功能体验、情感体验和社会体验均对

持续使用意向有正向影响。面对各大第三方支付平台同质化及服务的差异化越来越小的现状，提高顾客的使用体验就成为企业保持核心竞争力的关键。

第三方支付平台的功能体验是用户在使用过程中感受到的最直观的感受，它是用户对平台页面设计、产品信息呈现方式、操作流程的流畅、隐私保护及支付安全性等感受的总和。因此，第三方支付企业应着力在平台页面设计、产品搜索、操作流程、支付安全等方面进行优化与完善，提高平台的功能体验，给用户更方便、安全的使用体验，从而提高用户的持续使用意向。

2. 激发情感体验，使顾客对第三方支付平台形成情感依恋

在本章中，情感体验对持续使用意向有着显著的正向影响。体验消费时代，人们的消费行为发生了很大改变，越来越重视情感需求的消费，也更加注重使用过程中的"情感"感受，而非单纯地关注产品和服务本身。情感在第三方支付平台使用过程中起着举足轻重的作用。寻找能够引起消费者情感变化的因素，进而进行资源投入，以激发用户的积极情感，促使消费者与平台保持长期的关系，对于第三方支付企业来说尤为重要。具体来说，增强情感体验可以从以下方面着手：

（1）对顾客进行划分，分别为其提供个性化的服务，同时针对不同的用户，定期提供邮件或短信，增进与顾客之间的感情，让顾客感受到重视。

（2）定期推出会员优惠活动，让用户感受实实在在的利益并增进会员与平台的联系。

（3）做好用户反馈，定期进行用户投诉跟踪服务，让顾客感受到关怀，提高顾客满意度，从而提升持续使用意向。

3. 提升社会体验，使用户享受优质服务

社会体验是顾客体验中较高层次的体验，产生于用户对第三方支付平台的高度认可和赞扬。只有第三方支付平台做好功能体验、情感体验等，并且赢得社会广泛认同，才能提高用户的社会体验。在提升用户体验方面，企业可以扩大平台的支付场景，容纳更多的商户进驻平台，方便用户使用。另外，可以积极寻求国际化合作，使支付平台能够在国外使用，减少用户在国外旅游时货币兑换的麻烦，以此提高第三方支付平台在用户心中的形象，使消费者以使用该平台为豪，进而增强持续使用意向。

（三）研究局限和未来展望

在研究的过程中，由于受到时间、经验和资源等主客观方面的限制，本章的

研究还存在很多不足之处和需要改进的地方。

（1）由于问卷发放的方式及时间等限制，本章的样本量覆盖面存在一定局限性，总样本数量不高。后续的研究可以采用更科学的调查方法，提高样本的代表性，以使研究结论更具有普遍意义。

（2）本章仅仅研究了顾客体验的各维度对期望确认度、感知有用性和持续使用意向的影响作用，并没有对顾客体验的各维度之间的相互影响作用进行探究，当然也并未考虑顾客体验的各维度的相互作用可能会对用户持续使用意向产生的影响进行研究。以后的研究可以在这方面进行深入研究。

（3）本章只选取了顾客体验、期望确认度、感知有用性和感知风险，将其视为自变量、中介变量和调节变量，研究它们对用户持续使用意向的作用机制，而未将人口统计变量对本章研究的影响纳入模型，如性别、收入水平、学历等。后续研究可以将更多的变量引入到模型中，深入探讨顾客体验与持续使用意向间的作用关系。

（4）在以后的研究中，在时间、资金和精力等条件允许情况下，应保证样本在年龄、学历、收入和来源地区等方面分布得更加均匀、分散，以使数据更有说服力，使本章结论更具普适性。

（5）本章将移动购物环境下的顾客体验分为功能体验、情感体验和社会体验，是否有更科学的划分还需要进一步研究。另外，本章仅对顾客体验的各维度对期望确认度、感知有用性和持续使用意向的影响进行研究，对体验的各维度之间的相互作用对持续使用意向的影响并没有进行探讨，后续的研究可以将其视为重点，对其进一步研究。

（6）本章以感知风险作为调节变量来研究期望确认度、感知有用性对持续使用意向的影响，未来的研究中可以引入其他不同变量，如信任、性别等调节变量，使顾客体验与用户持续使用意向的研究更加丰富。

第七章 研究结论和建议

一、研究结论

本项目共做了六个面研究,主要研究结论如下:

(一) O2O 商业模式的发展现状

O2O 商业模式即线上到线下,是指将线下的商务机会与互联网结合(姜奇平,2011;Zott et al.,2010),互联网成为线下交易的前台。这样线下服务就可以通过线上来揽客,消费者可以在线上筛选服务,提交订单后进行线上结算并且很快达到一定的规模。O2O 商业模式的关键是在网上寻求消费者,将他们带到实体店中,它是支付模式和为店主创造顾客流量的结合(陈后成和郭东强,2015)。利用这种模式成功的案例有佐卡伊、上品折扣、居然之家、黄太吉等。不同于传统的 B2B、B2C 商业模式,O2O 的消费者在交易过程中通常面临两个不同的服务提供商,分别是提供线上交易平台服务的互联网公司和线下服务提供商,一般情况下用户线上完成支付,信息通过互联网公司反馈给线下服务商,商户接收信息后发货,待客户收到所购物品,检查完好后再将信息反馈给互联网公司,此时互联网支付平台将款项转给商户,交易完成。因此,在线支付是连接线上下单和线下消费整个交易环节的重要纽带。O2O 商业模式的特色不仅体现在价值创造方面,还实现了实体商品与虚拟技术的结合,简化了中间渠道,最大限度地节省了交易成本。此外,通过大数据追踪分析,还能探索消费者购物习惯,实现点对点精准营销,增强顾客黏性,扩大市场份额。

从 O2O 发展历程来看，其早在 PC 互联网时代就已经开始，不论是国外的 Group on 还是携程网收购线下旅游公司，这一模式已经付诸行动。然而，这一概念被明确提出是在 2010 年，由美国试用品营销广告平台 TrialPay 的 CEO Alex Rampell 首次提出，将其理解为"在网上寻找消费者，然后将其带到现实商店中，是支付模式和为店主创造客流量的一种结合"，并将其定义为"线上—线下"商务，即 O2O。随着 O2O 模式的应用和发展，其已经超越了最初的"线上—线下"的模式，增加了"线下—线上""线下—线上—线下"和"线上—线下—线上"三个新方向，O2O 的含义更为丰富、全面，更贴近 O2O 的本质。

在线上，企业集中布局线下流量入口，发挥信息及数据优势。互联网企业开展全渠道经营的主要方式有：①互联网企业通过建立营销平台（如微信公众号）或提供第三方电商平台，服务于传统零售企业，有利于其开拓线上市场，同时有利于自身线下市场的开拓；②利用互联网进行用户数据的获取与分析，实现精准营销；③搭建无线网络，推出基于位置的精准推送和服务；④线上—线下会员体系打通，提供客户关系管理、体验管理及金融理财等全方位服务。

在线下，企业结合门店、物流及体验优势，扩大业务范围。总体来讲，目前传统零售企业布局 O2O 主要通过以下途径：①构建线上平台，鼓励消费者线上下单、支付，到线下店体验、提货，如苏宁易购；②提供就近门店配送、自提、退货服务，如绫致集团、拉夏贝尔、特步、李宁；③店内铺设免费无线网络，消费者可根据推送信息，自由选择柜台购买或线上购买，如梅西百货；④虚拟展示节约门店空间，同时门店向侧重用户体验转型，如苏宁云店。

（二）O2O 商业模式的发展趋势

O2O 商业模式在近年来受到政府的大力支持，出台了相关扶持政策，2015年 9 月 29 日，国务院办公厅发布《关于推进线上线下互动加快商贸流通创新发展转型升级的意见》，要求大力发展线上—线下互动（O2O）这一新兴经济形态在传统商贸物流业中的应用，重点支持实体零售 O2O 的转型。同时，消费者的使用习惯已经形成，在传统的电商市场增长空间有限的情况下，越来越多的电商企业开始把发展重点放在 O2O 领域，这也是促进 O2O 发展的一大动力。O2O 同移动互联网的结合在很大程度上改变了商业与社会形态，此外，O2O 的数据商业架构也越发清晰。数据同时驱动着线上与线下的发展，云计算、定位技术等应用也在全面改善用户体验。得益于政策、经济、社会与技术环境，O2O 实现了快速发展。

未来，生活服务O2O行业市场将迅速发展。艾瑞咨询数据显示，O2O行业市场的高速发展主要受各垂直行业的快速发展所推动，2014~2018年（预测）婚庆、餐饮、亲子及休闲娱乐O2O市场的年复合增长率均在24%以上。从2011年的2.1%至2015年的5.5%可以看出，本地生活服务O2O行业的渗透率逐年上升，并且根据预测，在2018年渗透率将达到7.4%，说明本地生活服务O2O行业的市场规模在不断地扩大，这也为第三方支付平台的良好快速发展提供了基础。

生活服务O2O未来的发展有以下两种趋势：首先，往产业链上游延伸。社区服务不论是垂直细分、跑腿代购还是流量分发，一直都处于产业链的下游——把商品供应商和服务供应商对接给社区的C端用户，不能或难以保证供应端的品质。这也成为中间服务商的最大瓶颈。因此，一些社区服务平台开始往产业链上游延伸，比如，垂直服务平台提供各类系统工具帮助供应端提升效率、提高品质，增强对平台的依赖；标准化商品配送平台扩大实体门店数量，扩充销售渠道，形成较强的采购话语权，从而实现对供应端的品质把控。其次，智能终端将成为生活服务O2O的重要场景。随着科技的发展，智能应用蓬勃兴起，社区场景经济将进一步凸显。基于社区场景经济的一大批智能终端应用将接入消费娱乐购物，总之场景经济的生活服务O2O将是下一阶段生活服务的终端落脚点。

而随着移动互联网保持高速发展态势，并加速向经济社会各领域渗透，带动电子商务由传统PC端加速向移动端迁移，移动电子商务正成为当前电子商务发展的新力量，同时也开启了电子商务发展的新空间。相较于PC端，移动购物受时间、空间限制更小，与线下消费场景的交互方式更具情景化，未来移动端市场潜力无限，移动互联网加速渗透带动各领域O2O应用竞相发展。

（三）O2O商业模式下第三方支付平台的顾客体验差异研究

近年来，随着互联网经济的快速发展，包括传统银行、第三方支付机构在内的线上支付服务体系逐渐成为连接市场运行的纽带和新经济时代的命脉，电子商务的快速发展为第三方支付行业孕育了极大的发展空间。本部分内容主要探究不同第三方支付平台的顾客体验维度差异，在研究对象的选取上，通过搜索近几年第三方支付平台交易规模，选取支付宝、财付通（微信支付）、银联商务、快钱和拉卡拉五个平台进行研究比较。在顾客体验维度的划分上，根据前人的研究并结合第三方支付平台的特点，选取功利体验、情感体验和社会体验三个维度，运用单因素方差分析法对不同第三方支付平台的各个顾客体验维度进行比较分析。

O2O 商业模式下第三方支付平台的顾客体验研究

研究结果表明，在核心产品方面，如平台技术支持、核心产品价值和程序安全等，银联商务与快钱的顾客体验得分较高，而支付宝、财付通与拉卡拉需更加重视核心产品的质量与安全维护；在附加服务方面，如顾客获得有效帮助、平台满足顾客需求等，支付宝与财付通的顾客体验得分较高，而银联商务、快钱与拉卡拉需更加注重顾客需求进而改善平台、留住顾客；在便利性方面，如获取信息的便捷性、界面切换和操作简单等，支付宝拥有最高的顾客体验得分，快钱处于中间水平，财付通、银联商务和拉卡拉需增加平台的便利性，从而更好地服务顾客；在服务环境方面，如平台设计、操作界面友好等，支付宝、拉卡拉和快钱的顾客体验得分较高，而财付通、银联商务需改善平台设计与操作界面等，进而提高服务环境的顾客体验；在员工服务方面，如服务意愿、服务态度、及时性与准确性等，支付宝的顾客体验得分最高，其他四者得分都偏低，需增加平台人员服务方面的投入。总体来说，支付宝在功利体验的各项维度得分都较高，而银联商务除了核心产品外，其他方面得分都较低。

在情感体验的积极情感这一维度上，支付宝的顾客体验得分较高，银联商务得分最低，其他三项处于中间水平。银联商务、财付通、快钱与拉卡拉应该更加注重与顾客互动交流，增添平台带给顾客的乐趣。

在社会体验方面，由于方差分析结果不显著，可以认为支付宝、财付通、银联商务、快钱和拉卡拉五个第三方支付平台顾客的社会体验之间无显著差异。

（四）O2O 商业模式下第三方支付平台的顾客体验与顾客选择

O2O 商业模式下的第三方支付体验在消费者购买行为中扮演着重要角色，以往研究主要关注产品和服务体验对顾客满意度的影响，本部分研究在文献回顾的基础上，参照和引用了国内外知名学者的技术采纳模型理论来构建模型，并提出了使用经验、社会影响、感知有用性、感知成本、感知风险对顾客体验满意度和顾客选择关系影响的相关假设，定量研究（问卷调查）结果表明：在 O2O 商业模式下，第三方支付平台的使用对于消费者来说具有方便易用、受社会影响、重复使用率高的特点。消费者在社交过程中发现周围群体都在使用第三方支付工具时，他们也会不甘人后进行尝试，也因此会发现第三方支付的高效与便利性。社会影响使人们甚至放弃原有的现金和银行卡转而使用更加便捷的第三方支付手段。另外，由于使用经验的积累，人们越来越熟练地应用第三方支付工具，也更加适应对这些工具的操作。在使用第三方支付进行交易时，当消费者感知到该工具的快捷、便利、有用时，会产生愉悦感、满足感，从而形成重复使用；但是当消费者感知到使用第三方工具具有一定风险时，他们也会减少使用，因此，对于第三方支付工具的提供商来说，安全、便捷、高效是他们能够提供给消费者的核心价值。

由于第三方支付软件的更新速度较快、种类较多，相关支付软件的体验不同于传统购买实物的体验，人们对支付界面设计、支付速度及对品牌的情感依赖较为敏感，而线下的购物环境、服务态度及所购物品的价值属性对消费者情感体验度会直接影响最后支付环节的体验效果，除非某类新的支付体验非常特别，能给消费者带来极大便利或形成习惯性支付手段，否则支付软件的使用经验不足以决定消费者对新的支付软件的体验。另外，当代主流消费群体已经是"80后""90后"，他们个性突出、学习适应能力强，一般情况下不会盲目从众，在产品的选择上更注重突出自我和服务或产品对自己的适用性。他们比较挑剔，面对产品的评价时有自己的判断，因此在使用第三方支付工具的时候，虽然会受大众的影响形成自身的使用习惯，但不会因为大众的影响对其进行相似的满意度评价。

（五）社会影响下第三方移动支付平台的顾客体验与顾客忠诚关系

近年来，互联网经济蓬勃发展，移动支付平台作为其不可或缺的工具，也呈现跨越式发展。而其中第三方移动支付平台凭借较高的市场占有率，成为移动支付行业内的佼佼者。在体验经济的大环境下，第三方移动支付平台是否拥有良好的顾客体验也就成为决定企业能否吸引消费者，形成顾客忠诚的重要原因。

同时，人作为社会人，经常会受到来自社群中他人影响，进而影响自身的消费行为，这一概念在社会心理学中即被称为社会影响。社会影响理论的构念主要有信息性和规范性影响两个路径。依据前人研究可知，信息性影响对网络环境下服务产品的消费者的购买行为及态度具有显著的影响。而第三方移动支付正是典型的网络服务产品，因此平台的消费者行为也相应地会受到信息型社会影响的调节。所以，第三方移动支付平台若想获得顾客忠诚以提升企业利润，既要明确顾客体验与移动支付平台顾客忠诚的关系，还要对信息性社会影响进行相应研究，以此提升平台用户的忠诚度。

综上所述，本部分内容以第三方移动支付平台为研究对象，采用实证分析的方法，分析移动支付平台顾客体验对顾客忠诚的影响作用，以及信息性影响对平台顾客体验与忠诚的关系是否有显著调节作用。研究结果如下：

（1）第三方移动支付平台的顾客体验对顾客忠诚的形成具有显著的正向影响。

（2）第三方移动支付平台的顾客体验维度中，平台情感体验对顾客忠诚影响最大，其次为功能体验，平台初体验的影响最弱。

（3）信息性社会影响对于第三方移动支付平台的顾客体验与顾客忠诚之间并没有显著的调节作用。

（六）第三方支付平台的持续使用意愿研究

随着智能手机及互联网经济的快速发展，包括传统银行、第三方支付机构在内的线上支付服务体系逐渐成为连接市场运行的纽带和新经济时代的命脉。而随着用户体验消费时代的到来，人们也更多地将购买的关注点转移到产品、服务的体验上。在线上购物快速发展及线下无现金支付的普及下，各第三方支付平台竞争日趋紧张，不断对自有平台进行产品、服务、功能等方面的改进，使用户享受更优质的支付体验，以期增强用户的持续使用意向。面对第三方支付企业之间的比拼，提升顾客体验并增强用户的持续使用意向，具有重要的理论和实践意义。据此，本部分立足于第三方支付平台的顾客体验，探讨顾客持续使用意愿的影响因素，研究结论如下：

（1）顾客体验对持续使用意向的影响作用。第三方支付平台顾客体验的各维度（功能体验、情感体验和社会体验）对持续使用意向均有影响。通过本章的研究，功能体验、情感体验及社会体验对持续使用意向具有正向影响的假设（H1a、H1b、H1c）得到研究的支持。由此我们可以知道，顾客会综合考虑第三方支付平台功能、情感和社会三方面的体验感受，进而对第三方支付平台进行选择和使用。要想留住顾客，第三方支付公司需从顾客体验的这三方面进行改善与提高。

（2）顾客体验对期望确认度、感知有用性的影响作用。第三方支付平台的顾客体验正向影响期望确认度和感知有用性，由顾客体验对期望确认度、感知有用性的回归分析可知，功能体验、情感体验和社会体验对期望确认度和感知有用性都有着显著的正向影响。由此，我们可以得知，顾客在购买时看重的并不仅仅是产品本身，还关乎使用的感受和情感，即使用第三方支付平台时的情感融入和感受到的社会地位影响着顾客整个使用过程的满意程度。

（3）期望确认度、感知有用性的中介作用。期望确认度和感知有用性分别在顾客体验对持续使用意向的影响中起着不同程度的中介作用。本研究通过Hayes（2013）编制的SPSS宏程序PROCSSS分析，证明了期望确认度、感知有用性分别在顾客体验的不同维度对持续使用意向的影响中起着中介作用。通过中

第七章 研究结论和建议

介作用检验,发现功能体验、情感体验和社会体验的显著性系数明显下降,分别从 0.874、0.698 和 0.762 下降到 0.107、0.181 和 0.228。这说明期望确认度和感知有用性在顾客体验与持续使用意向之间起部分中介作用。第三方支付平台的顾客体验虽然对持续使用意向有着显著影响,但在一定程度上还要通过期望确认度和感知有用性间接影响持续使用意向。

(4) 感知风险的调节作用。感知风险调节了期望确认度、感知有用性对持续使用意向的影响程度。由数据分析可以看出,在低感知风险的情况下,用户的持续使用意向会随着期望确认度、感知有用性的提高而显著提高;而在高感知风险的情况下,用户的持续使用意向随期望确认度、感知有用性的提高而提高得不那么明显。对风险敏感程度较低的被试,使用第三方支付平台后达到其期望的效果后,更容易产生持续使用意向,而感知风险较高的被试,且期望确认度和感知有用性对持续使用意向的影响相对较弱,他们对外在的风险敏感程度较高,更难对第三方支付平台产生信任,所以期望确认度和感知有用性对其产生持续使用意向的影响不大。

第三方支付企业想要获得长久的顾客持续使用意向,就需要为顾客提供良好的产品功能体验、情感体验和社会体验,努力提升用户对整个第三方平台使用过程的期望确认度和感知有用性,进而促使用户形成持续使用意向,还要加强风险控制管理,以降低用户的感知风险,最终提高顾客使用某第三方支付平台的长期重复使用可能性。

二、研究建议

本书主要分析了 O2O 商业模式的发展现状及趋势,并且通过三个实证研究渐进分析了 O2O 商业模式下第三方支付平台的顾客体验与顾客选择关系,研究结果对于 O2O 企业和第三方支付企业改进支付平台、保留用户、增强用户体验等方面来说具有理论指导意义。根据上述研究结果,本书对企业提出如下建议:

(1) 第三方支付平台企业需要突出自身的核心产品,做好核心产品的开发与维护,优化支付功能体验,最大限度地满足用户的支付需要,从而吸引和保留更多的用户。如移动支付用户数已经落后的银联商务,更需要改进其服务的便利性,提供快速响应;发展比较早的快钱、拉卡拉,需要提升自身的核心产品,开发更加友好的用户界面。

（2）情感体验对于支付平台来说也很重要，因此对于第三方支付平台企业来说，为用户创造愉悦的使用环境，提升用户使用过程中的情感感知就会获得比较高的用户忠诚度。如支付宝推出的蚂蚁森林、绿色金融项目就会让消费者在使用过程中形成游戏体验，在完成支付的同时也做了公益，满足了消费者的情感需求。

（3）信息性社会影响在功能性顾客体验与顾客忠诚的关系上具有负向调节作用，因此，第三方支付平台运营商需要在营销过程中优化营销组合、控制这种负向调节作用，以保留用户，促进企业发展。如支付宝 2016 年春节期间的敬业福事件，导致的负面影响一直延续到 2017 年春节，企业在推出相关营销组合的时候一定要慎重并且能够预估后果，否则会大大损失原有的忠诚顾客，并且很难实现企业最初的营销目标。

参考文献

[1] Acoby J., Kyner D. B. Brand Loyalty vs. Repeat Purchasing Behavior [J]. Journal of Marketing Research, 1973, 10 (1): 1 – 9.

[2] Ajzen I. From Intentions to Actions: A Theory of Planned Behavior In: Kuhlj, Beckman, (EDs.) Action Control: From Cognition to Behavior Heidelberg [J]. Germany: Springer, 1985: 11 – 39.

[3] Amanda. Trust in E – commerce [J]. Communications of the ACM, 2007, 48 (2): 73 – 77.

[4] Andersen Consulting. Defining the Customer Experience in Banking [R]. 2000.

[5] Arnold M. J., Reynolds K. E., Ponder N., Lueg J. E. Customer Delight in a Retail Context: Investigating Delightful and Terrible Shopping Experiences [J]. Journal of Business Research, 2005 (58): 1132 – 1145.

[6] B. Joseph Pine, James H. Gilmore. Welcome to The Experience Economy [J]. Harvard Business Review, 1998, 7 (8): 25 – 39.

[7] B. Joseph Pine II, James H. Gilmore. The Experience Economy [M]. Boston, Massachusetts: Harvard Business School Press, 1999.

[8] Barach J. A. Advertising Effectiveness and Risk in the Consumer Decision Process [J]. Journal of Marketing Research, 1969, 6 (8): 314 – 320.

[9] Bauer R. A. Consumer Behavior as Risk Taking [M]//Hancock R. S. (Ed.), Dynamic Marketing for A Changing World. Chicago: American Marketing Association, 1960.

[10] Bearden W. O., R. G. Netemeyer, J. E. Teel. Measurement of Consumer Susceptibility to Interpersonal Influence [J]. Journal of Consumer Research, 1989, 15 (4):473 – 481.

［11］Bernd H. Schmitt. Experiential Marketing ［M］. New York: The Free Press, 1999.

［12］Bhander, Saakshi. Understanding the Models of Customer Experience ［J］. Clear International Journal of Research in Commerce & Management, 2016, 7 (8): 76 – 84.

［13］Bhattacherjee A. Understanding Information Systems Continuance: an Expectation Confirmation Model ［J］. MIS Quarterly, 2001, 25 (3): 351 – 370.

［14］Brown G. Brand Loyalty-Factor Fiction ［J］. Journal of Marketing Research, 1953 (43): 251 – 253.

［15］Burnkrant R. E., Cousine A. U. Informational and Normative Social Influence in Buyer Behavior ［J］. Journal of Consumer Research, 1975, 2 (3): 206 – 215.

［16］CarboneL. P., Henchel S. H. Engineering Customer Experience ［J］. Journal of Marketing Management, 1994, 3 (3): 8 – 19.

［17］Caru A., Cova B. Revisiting Consumption Experience: A More Humble But Complete View of the Concept ［J］. Marketing Theory, 2003, 3 (2): 267 – 286.

［18］Chang K. T., Chen W., Tan B. C. Y. Advertising Effectiveness in Social Networking Sites: Social Ties, Expertise, and Product Type ［J］. Transactions on Engineering Management, 2012, 59 (4): 634 – 643.

［19］Chaudhuri A. A Macro Analysis of the Relationship of Product Involvement and Information Search: The Role of Risk ［J］. Journal of Marketing Theory and Practice, 2000, 8 (1): 1 – 15.

［20］Chen M. Y., Teng C. L. A Comprehensive Model of the Effects of Online Store Image on Purchase Intention in an E-commerce Environment ［J］. Electronic Commerce Research, 2013, 13 (1): 1 – 23.

［21］Chen J., Russell K. H., Ching M., Luo M., Liu C. C. Virtual Experiential Marketing on Online Customer Intentions and Loyalty ［J］. International Conference on System Sciences, 2008 (1).

［22］Cheung M. Y., Luo C., Sia C. L. Credibility of Electronic Word-of-Mouth: Informational and Normative Determinants of Online Consumer Recommendations ［J］. International Journal of Electronic Commerce, 2009, 13 (4): 9 – 38.

［23］Csikszentmihalyi I., Csikszentmihalyi M. Optimal Experience: Psychological Studies of Flow in Consciousness ［M］. NewYork: Cambridge University Press, 1988.

[24] Cunningham S. M. The Major Dimensions of Perceived Risk [M]//Cox D. F. (Ed.), Risk Taking and Information Handing in Consumer Behavior. Boston: Harvard University Press, 1967.

[25] Cynthia. Secure Business Application Logic for E-commerce [J]. Computers & Security, 2010, 24 (10): 208 – 217.

[26] Dan J., Kim. Modeling the Customer in Electronic Commerce [J]. Applied Ergonomics, 2009 (31): 609 – 619.

[27] Davis F. D. Perceived Usefulness, Perceived Ease of Use and User Acceptance of Information Technology [J]. MIS Quarterly, 1989, 13 (3): 319 – 339.

[28] Deutsch M., Gerard H. Study of Normative and Informational Soeial lnfiuenees Upon Individual Judgment [J]. Journal of Abnormal and Social Psychology, 1955, 51 (3): 629 – 636.

[29] Dick A., Basu K. Customer Loyalty: Toward an Integrated Conceptual Framework [J]. Journal of Marketing Science, 1994, 22 (2): 99 – 113.

[30] Dishaw M. T., Strong D. M. Extending the Technology Acceptance Model with Task Technology Fit Constructs [J]. Information Systems Research, 1991, 2 (3): 173 – 191.

[31] Dowling G., Staelin R. A Model of Perceived-Risk and Risk Handling Activity [J]. Journal of Consumer Research, 1994, 21 (1): 119 – 134.

[32] Dowling G. R. Perceived Risk: The Concept and Its Measurement [J]. Psychology and Marketing, 1986, 3 (3): 193 – 210.

[33] Ducoffe R. H. Advertising Value and Advertising on the Web [J]. Journal of Advertising research, 1996 (36): 21 – 36.

[34] (美) Elliot Aronson, Timothy Dwilson, Robin M. Akert. 社会心理学 [M]. 北京: 中国轻工业出版社, 2006.

[35] Flavian C., Guinaliu M., Gurrea R. The Role Played by Perceived Usability. Satisfaction and Consumer Truston Website Loyalty [J]. Information & Management, 1999 (63): 33 – 44.

[36] Frenzen J. K., DavisH. L. Purchasing Behavior in Embedded Markets [J]. Journal of Consumer Research, 1990, 17 (1): 1 – 12.

[37] Garrett J. J. The Elements of User Experience: User-Centered Design for the Web [M]. New York: New Riders Publishing, 2003: 13 – 20.

[38] Hale J. L., F. J. Boster. Comparing Effect Coded Models of Choice Shifts [J]. Communication Research Reports, 1988 (5): 180-186.

[39] Hayashi A., Chen C., Ryan T., et al. The Role of Social Presence and Moderating Role of Computer Self Efficacy in Predicting the Continuance Usage of E-Learning Systems [J]. Journal of Information Systems, 2004, 15 (2): 139-154.

[40] HolbrookM. B., Hirschman E. C. The Experiential Aspects of Consumption: Consumer Fantasies, Feeling and Fun [J]. Journal of Consumer Research, 1982, 19 (2): 134-140.

[41] Holbrook M. B. The Millennial Consumer in the Texts of Our Times: Experience and Entertainment [J]. Journal of Macromarketing, 2000 (20): 180.

[42] Hong J. L., ThongJ. Y. L., Tam K. Y. Understanding Continued Information Technology Usage Behavior: A Comparison of Three Models in the Context of Mobile Internet [J]. Decision Support Systems, 2006, 42 (3): 1819-1834.

[43] Hsu M. H., Chiu C. M., Ju T. L. Determinants of Continued Use of the WWW: An Integration of Two Theoretical Models [J]. Industrial Management and Data Systems, 2004, 104 (9): 766-775.

[44] Isernberg, D. Kaplan, Martin F., Charles E. Miller. Group Decision Making and Normative Versus Informational Influence: Effects of Type of Issue and Assigned Decision rule [J]. Journal of Personality and Social Psychology, 1987, 53 (2): 306-313.

[45] Kaplan L. B., Szybillio G. J., Jacoby J. Components of Perceived Risk in Product Purchase: Across Validation [J]. Journal of Applied Psychology, 1974, 59 (3): 287-291.

[46] Kollmann, Tobias, Matthias Hasel. Cross-channel Cooperation: On the Collaborative Integration of Online and Offline Business Models [J]. International Journal of Entrepreneur ship and Small Business, 2008, 6 (2): 212-229.

[47] Lanl G. P. A., Hormelly F., Pessoa L. Influence of Virtual Communities in Purchasing Decisions: The Participants' Perspective [J]. Journal of Business Research, 2014, 67 (5): 882-890.

[48] Larsen T. J., Sorebo A. M., Sorebo O. The Role of Task-technology Fit as Users' Motivation to Continue Information System Use [J]. Computer in Human Behavior, 2009, 25 (3): 778-784.

[49] Liao C. C., Palvia P., Chen J. L. Information Technology Adoption Behavior Life Cycle: Toward a Technology Continuance Theory [J]. International Journal of Information Management, 2009, 29 (4): 309 – 320.

[50] Luck Wroblewsk. Site Seeing: A Visual Approach to Web Usability [M]. Wiley: IST Edition, 2002.

[51] Mahadevan B. Business Model for Internet-based E-commerce: Ananatomy [J]. California Management Review, 2000, 42 (4): 55 – 69.

[52] McKain Scott. All Business is Show Business [M]. Nashville: Rutledge Hill Press, 2002.

[53] Menon, Kalyani, Laurette Dubé. Ensuring Greater Satisfaction by Engineering Salesperson Response to Customer E motions [J]. Journal of Retailing, 2000, 76 (3): 285 – 307.

[54] Mooney Kelly, Laura Bergheim. The Ten Demands [M]. McGraw-Hill Inc., 2002.

[55] Morris M., Schindehutte M., Allen J. The Entrepreneurs Business Model: Toward a Unified Perspective [J]. Journal of Business Research, 2005, 58 (6): 726 – 735.

[56] Muhammad N. S., Musa R., Ali N. S. Unleashing the Effect of Store Atmospherics on Hedonic Experience and Store Loyalty [J]. Procedia. Social and Behavioral Sciences, 2014 (130): 469 – 478.

[57] Murray K. B., Schlacter J. L. The Impact of Services Versus Goods on Consumer's Assessment of Perceived Risk and Variability [J]. Journal of the Academy of Marketing Science, 1990, 18 (1): 51 – 65.

[58] Oliver R. L. Satisfaction: A Behavior Perspective on the Consumer [M]. New York: Irwin Mc Graw-Hill, 1997.

[59] Oliver R. L. Whence Consumer Loyalty [J]. Journal of Marketing, 1999 (63): 33 – 44.

[60] Overby, Jeffrey W., E. J. Lee. The Effects of Utilitarian and Hedonic Online Shopping Value on Consumer Preference and Intentions [J]. Journal of Business Research, 2006, 59 (10 – 11): 1166.

[61] Parthasarathy M., Bhattaacherjee A. Understanding Post-adoption Behavior in the Context of Online Services [J]. Information Systems Research, 1998, 9 (4):

362-379.

[62] Paul A. Pavlou, David Gefen. Building Effective Online Market Paces with Institution-Based Trust [J]. Information System Research, 2008, 15 (1): 37-59.

[63] Pine II B. Joseph, Gilmore James H. Welcome to the Experience Economy [M]. Boston: Harvard Business Review, 1998, 76 (4): 97-105.

[64] Reynolds K. E., Beatty S. E. Customer Benefits and Company Consequence of Customer Salesperson Relationships in Retailing [J]. Journal of Retailing, 1999, 725 (1): 1-10.

[65] Roselius T. Consumer Ranking of Risk Reduction Methods [J]. Journal of Marketing, 1971, 35 (1): 56-61.

[66] Sabrina S. S. F., Matthew K. O. L. Explaining IT-based Knowledge Sharing Behavior with IS Continuance Model and Social Factors [C]//PACIS. PACIS 206 Proceedings. Taiwan: Electronic Commerce RES CTR, 2006: 255-270.

[67] Solomon Antony, Z. L., Bo Xu. Determinants of Online Row Service Adoption: An Experimental Study [J]. Decision Support Systems, 2006, 3 (42): 1889-1900.

[68] Song K., Fiore A. M., Jihye P. Telepresence and Fantasy in Online Apparel Shopping Experience [J]. Journal of Fashion Marketing and Management, 2007, 11 (4): 553-570.

[69] Steckel J. H. Mathematical Approaches to the Study of Power in Group Decision Making: A Review [J]. Advances in Consumer Research, 1985, 12 (1): 577-581.

[70] Tang J. E., Chiang C. H. Internet Experiential Value of Blog into the Expectation Confirmation Theory Model [J]. Social Behavior and Personality, 2010, 38 (10): 1377-1390.

[71] Timmers Paul. Business Models for Electronic Markets [J]. Electronic Markets, 1998, 8 (2): 3-8.

[72] Tucker R. B. Ten Driving Forces of Dynamic Change [J]. Executive Excellence, 1991, 8 (3): 16-28.

[73] Venkatesh V., Davis F. D. A Theoretical Extension of the Technology Acceptance Model for Longitudinal Field Studies [J]. Management Science, 2000, 46 (2): 186-204.

[74] Wooten, David B., Americus Reed II. Psychology Informational Influence and the Ambiguity of Product Experience: Order Effects on the Weighting of Evidence [J]. Journal of Consumer Psychology, 1998, 7 (1): 79-99.

[75] Xue Mingluo. How Does Shopping with Others Influence Impilsuve Purchasing? [J]. Journal of Consumer Psychology, 2005, 15 (4): 288-294.

[76] Zott C., Amit R. Business Model Design: An Activity System Perspective [J]. Long Range Planning, 2010, 43 (2): 216-226.

[77] 阿尔温·托夫勒. 未来的冲击 [M]. 孟广均, 吴宣豪, 黄炎林, 顺江译. 北京: 中国对外翻译出版公司, 1985.

[78] 安巧哲. 借力央行支付系统, 加强第三方支付平台监管的可行性分析 [J]. 金融与经济, 2014 (10).

[79] 曾锵, 李靖华. 服务的顾客价值与有形产品的顾客价值的比较研究 [J]. 科技管理研究, 2005 (2).

[80] 陈衡. 第三方网上支付平台用户接受影响因素研究 [D]. 山东大学博士学位论文, 2012.

[81] 陈莹. B2C 网站顾客购物体验与顾客忠诚关系研究——以整体网络产品的视角 [D]. 浙江大学硕士学位论文, 2012.

[82] 陈佑成, 郭东强. 基于案例分析的中国 O2O 商业模式研究 [J]. 宏观经济研究, 2015 (4).

[83] 崔鹏. 移动支付——问题与希望并存 [J]. 电子商务世界, 2003 (10): 75-78.

[84] 崔援民. 电子商务: 理论·技术·实务 [M]. 北京: 经济管理出版社, 2002.

[85] 单鹏. C2C 网络购物平台的用户体验设计研究 [J]. 艺术与设计 (理论), 2010 (6): 222-224.

[86] 邓海平. 第三方支付渐现群雄割据趋势 [J]. 大众理财顾问, 2014 (7).

[87] 杜建刚, 范秀成. 基于体验的顾客满意度模型研究——针对团队旅游的实证研究 [J]. 管理学报, 2007, 4 (4): 514-520.

[88] 杜娟. O2O 电子商务模式下顾客参与对顾客体验价值的影响研究——以餐饮团购为例 [D]. 山东财经大学硕士学位论文, 2016.

[89] 杜鹏. 消费者绿色食品与支付意愿研究: 顾客体验视角 [J]. 农林经

济问题，2012（10）．

[90] 高敏，孙洪杰．产品知识对消费者属性同异选择的影响：感知风险的调节 [J]．消费经济，2016（6）：73-78．

[91] 郭国庆，牛海鹏，胡晶晶，孙乃娟．消费体验、体验价值和顾客忠诚度的关系研究——以大中型休闲类网络游戏为例 [J]．武汉科技大学学报（社会科学版），2012，14（1）：81-87．

[92] 郭倩瑜．用户接受和使用移动支付的关键影响因素分析 [D]．北京邮电大学硕士学位论文，2009．

[93] 韩经纶，韦福祥．顾客满意与顾客忠诚互动关系研究 [J]．南开管理评论，2001（6）：8-10．

[94] 贺爱忠，龚婉琛．购物网站顾客体验对品牌忠诚影响的实证研究 [J]．东南大学学报（哲学社会科学版），2011，13（4）：61-67．

[95] 贺和平，刘雁妮，周志民．在线购物体验研究前沿述评 [J]．外国经济与管理，2011，33（10）：42-51．

[96] 胡桃，吕廷杰．电子商务技术基础及应用 [M]．北京：北京邮电大学出版社，2002．

[97] 黄爱光．从"体验"的产生看体验营销 [J]．北京财贸职业学院学报，2005，21（1）：33-35．

[98] 黄亨奋，吕庆华．体育用品购买决策中网络口碑影响机理研究——感知有用性的中介作用 [J]．体育科学研究，2016，20（1）：31-36．

[99] 姜奇平．O2O 商业模式剖析 [J]．互联网周刊，2011（19）：20-23．

[100] 蒋侃，金鑫，黄袁芳，何薇薇．O2O 电子商务商业模式构建研究 [J]．电子商务，2013（9）：9-10．

[101] 赖智慧．互联网金融棋局 [J]．新经济，2013（12）：34-41．

[102] 雷洪斌．基于 NFC 技术的手机支付研究 [D]．上海交通大学硕士学位论文，2007．

[103] 黎开莉．服务的特征与服务质量管理 [J]．贵州财经学院学报，2005（2）．

[104] 李琛琛．快递服务业顾客体验与顾客忠诚的关系研究 [D]．广西大学硕士学位论文，2014．

[105] 李建州，范秀成．三维度服务体验实证研究 [J]．旅游科学，2006，20（2）：54-60．

[106] 塔思. 移动支付研究及其面向服务架构的系统设计与原型实现 [D]. 中山大学, 2008.

[107] 李艳娥. 顾客体验: 理论渊源, 演变及其梳理 [J]. 商经理论, 2010 (2).

[108] 梁健爱. 基于消费者体验的营销对策探讨 [J]. 广西社会科学, 2004 (9).

[109] 刘虹, 裴雷, 孙建军. 基于期望确认模型的视频网站用户持续使用的实证分析 [J]. 图书情报知识, 2014, 3 (10): 94 – 103.

[110] 刘桓, 李忠美, 程艳红. 电子商务实务 [M]. 北京: 清华大学出版社, 2010.

[111] 刘建新, 孙明贵. 顾客体验的形成机理与体验营销 [J]. 财经论丛, 2006 (3): 95 – 101.

[112] 刘金岩. 顾客体验理论研究述评 [J]. 研究与探讨, 2009, 4 (1): 44 – 47.

[113] 刘鲁川, 孙凯. 基于扩展 ECM-ISC 的移动搜索用户持续使用理论模型 [J]. 图书情报工作, 2001, 55 (20): 134 – 137.

[114] 刘晟楠, 董大海. 基于两大心理学理论对网购消费者虚拟体验的解读 [J]. 外国经济与管理, 2011, 33 (2): 41 – 47.

[115] 刘咏梅, 陈思璇, 卫旭华. 诱导效应的影响机制——产品感知风险的调节作用 [J]. 心理科学, 2015 (6): 1425 – 1431.

[116] 芦盛. 第三方支付平台的监管模式研究 [D]. 上海师范大学硕士学位论文, 2015.

[117] 鲁耀斌, 徐红梅. 技术接受模型的实证综述 [J]. 研究与发展管理, 2006 (3).

[118] 罗谷松. 基于用户体验的 B2C 电子商务网站服务质量综合评价 [J]. 商场现代化, 2011 (1): 100 – 102.

[119] 马清学, 张鹏伟. 影响顾客忠诚度因素探析 [J]. 企业活力, 2003 (4): 34 – 35.

[120] 马志强. 第三方支付公司与其他商业机构合作双赢模式研究 [D]. 首都经济贸易大学硕士学位论文, 2011.

[121] 容玲. 第三方支付平台竞争策略与产业规制研究 [D]. 复旦大学博士学位论文, 2012.

[122] 史达. 互联网顾客体验与顾客网站忠诚度的关系研究——以结构方程模型为基础 [J]. 财经问题研究, 2009 (1): 30-36.

[123] 舒洁. 政府内部办公系统用户持续使用意愿影响因素研究——基于期望确认理论视角 [D]. 浙江大学硕士学位论文, 2011.

[124] 宋亚非, 蔚琴. 网络信任对冲动性购买行为的影响研究——基于感知风险的调节作用 [J]. 财经问题研究, 2013 (11): 140-145.

[125] 孙建军, 裴雷, 刘虹. 基于期望确认模型的视频网站持续使用模型构建 [J]. 图书情报知识, 2013, 5 (8): 82-88.

[126] 王换平. 第三方支付平台的用户体验评价体系研究 [D]. 首都经济贸易大学硕士学位论文, 2013.

[127] 王荣庆. 移动支付平台的运营模式研究及其架构设计 [D]. 对外经济贸易大学硕士学位论文, 2006.

[128] 温韬. 顾客体验理论的进展、比较及展望 [J]. 四川大学学报（哲学社会科学版), 2007, 3 (2): 23-26.

[129] 温忠麟, 黄彬彬, 汤丹丹. 问卷数据建模前传 [J]. 心理科学, 2018 (1): 204-210.

[130] 邬溪羽. 在线评论如何影响消费者: 基于社会影响视角的整合框架 [J]. 西安电子科技大学学报, 2015 (1): 1-18.

[131] 向坚持. O2O 模式体验价值与顾客满意度、行为意向关系研究与实证分析——以酒店业为例 [J]. 湖南师范大学社会科学报, 2017, 5 (4): 124-129.

[132] 薛金侠, 刘喜贵. 第三方支付平台的法律风险及监管机制完善研究 [J]. 合作经济与科技, 2015 (12): 191.

[133] 严浩仁, 贾生华. 顾客忠诚的基本驱动模型研究: 以移动通信服务为例 [J]. 经济管理, 2005 (4): 42-46.

[134] 杨国枢. 中国人的社会取向: 社会互动的观点 [C]. 中国社会心理学评论, 社会科学文献出版社, 2005.

[135] 杨晓东, 金晓彤. 轿车销售的全流程顾客体验整合 [J]. 经济管理, 2005: 21.

[136] 杨永清, 张金隆, 李楠, 杨光. 移动增值服务消费者感知风险前因的实证研究 [J]. 管理评论, 2012, 24 (3): 115-123.

[137] 姚巍. A 银行应对第三方支付平台发展的策略研究 [D]. 西安电子科

技大学硕士学位论文，2012.

［138］于本海，杨永清，孙静林，秦晋，徐岩．顾客体验与商户线下存在对社区 O2O 电商接受意向的影响研究［J］．管理学报，2015，12（11）：1658－1664.

［139］于思琴，王明宇，刘淑珍．O2O 模式对移动电子商务带来的机遇与挑战深析［J］．中国商贸，2013（9）：84－85.

［140］原磊．国外商业模式理论综述评价［J］．外国经济与管理，2008（5）．

［141］张凤超，尤树洋．顾客体验价值结构维度：DIY 业态视角［J］．华南师范大学学报（社会科学版），2009（4）：108－113.

［142］张红明．消费体验的五维系统分类及应用［J］．企业活力，2005（8）：18.

［143］张宽海．电子商务概论［M］．北京：机械工业出版社，2008.

［144］张艳．O2O 零售商业模式：内涵运营及问题［J］．北京财贸职业学院学报，2014（4）．

［145］张喆，卢晞均．基于 ATM 模型和感知风险的消费者网络团购参与意愿分析［J］．市场营销导刊，2009（1）．

［146］张正林，庄贵军．基于社会影响和面子冲动视角的购买行为［J］．管理科学，2008（6）：66－72.

［147］张子坤．在线点评平台如何影响人们的消费行为？——一个信息性社会影响的观点［D］．中国科学技术大学博士学位论文，2010.

［148］赵颖．第三方支付的模式分析及问题探究［D］．北京对外经济贸易大学硕士学位论文，2006.

［149］钟财帮，左仁淑．试论体验营销模型［J］．经济管理，2003（15）．

［150］周欢怀．电子商务企业如何培养顾客忠诚度的思考［J］．商业研究，2005（14）：205－206.

［151］周薇莎．关于银联商务网上支付业务的调查报告［J］．新财经，2013（2）．

［152］周元军．电子商务第三方支付管理办法的理解与思考［J］．信息网络安全，2010（8）：21－22.

［153］朱洪军，徐玖平．服务环境对顾客体验影响的实证分析［J］．现代管理科学，2008（5）：47－48.

[154] 朱世平. 体验营销及其模型构造 [J]. 商业经济与管理, 2003 (5): 25-27.

[155] 祝合良, Bernd H. Schmitt. 如何认识体验经济 [J]. 首都经济贸易大学学报, 2002 (5): 14-17.

附　录

（一）第三方支付平台顾客体验问卷调查

第一部分：第三方支付平台的使用情况与体验调查

1. 您是否使用过快钱
○是
○否

2. 您是否使用过拉卡拉
○是
○否

3. 您是否使用过银联商务
○是
○否

4. 您是否使用过财付通（微信支付）
○是
○否

5. 您是否使用过支付宝
○是
○否

6. 使用此第三方支付时，增添了我与他人互动交流的乐趣

7. 此第三方支付平台操作界面设计友好，很容易看明白

8. 我认为此第三方支付平台技术很可靠
9. 此第三方支付平台设计美观,具有一定的视觉吸引力
10. 此平台为我提供了有价值的产品和服务
11. 遇到问题时,我有很多种渠道可以在此平台上寻求帮助
12. 此平台满足我需求的总体能力很强
13. 此平台为我提供的服务周到且富有个性化
14. 我可以很容易地在此平台上获取信息
15. 平台客服人员的服务态度彬彬有礼
16. 总的来说,在此平台上进行交易很划算
17. 此平台的不同页面之间切换方便
18. 我觉得此第三方支付平台的操作很简单
19. 当我遇到问题时,此第三方支付平台的客服人员乐于帮助我,并为我提供快捷服务
20. 平台导航具有逻辑性
21. 平台客服人员高度重视客户请求
22. 平台客服人员可以及时处理我的问题
23. 此第三方支付平台的设计很独特
24. 与其他第三方支付平台相比,此平台的服务更令我满意
25. 我认为此平台的操作很人性化
26. 我愿意在此第三方支付平台上浏览更长时间
27. 使用此第三方支付平台能够体现我的身份
28. 我会向其他人推荐此平台
29. 此平台的服务令人非常不满意
30. 我使用此平台是因为周围很多人都在使用
31. 我信任平台的安全程序
32. 此第三方支付平台的客户维护使我感觉我受到重视
33. 我以后不会再使用此第三方支付平台
34. 使用此平台让我觉得自己很酷
35. 平台客服人员能有效解决我的问题

第二部分：个人信息

36. 您的性别
○男
○女

37. 您的年龄
○ 18 岁以下
○ 18~24 岁
○ 25~34 岁
○ 35~44 岁
○ 45 岁及以上

38. 您已获得或正在攻读的最高学历
○高中及以下
○中专/大专
○本科
○硕士研究生
○博士研究生

39. 您的职业
○学生
○上班族
○自由职业者

40. 您每月的可支配收入
○ 1000 元及以下
○ 1001~2000 元
○ 2001~3000 元
○ 3000 元以上

（二）第三方支付的顾客体验与顾客选择调查问卷

1. 您的性别

○男

○女

2. 您的年龄

○12～20岁

○21～35岁

○36～45岁

○46～55岁

○55岁以上

3. 如果绝大多数人在使用第三方支付软件，如支付宝、财付通、微信支付等，而我没使用或没有相关的体验经历，那么我会感觉不自在

○非常不同意

○不同意

○一般

○同意

○非常同意

4. 如果周围的熟人在使用或向我推荐使用某第三方支付软件，那么我会接纳建议

○非常不同意

○不同意

○一般

○同意

○非常同意

5. 如果使用第三方支付成为一种时尚、潮流或社会风气，我也会跟随使用

○非常不同意

○不同意

○一般

○同意

○非常同意

6. 我曾经使用或体验过某第三方支付软件

○非常不同意

○不同意

○一般

○同意

○非常同意

7. 我曾经对某第三方支付软件有过美好的体验经历

○非常不同意

○不同意

○一般

○同意

○非常同意

8. 我认为使用第三方支付能够节约我的购物时间

○非常不同意

○不同意

○一般

○同意

○非常同意

9. 我认为使用第三方支付能够让我了解比较前沿的支付方式，方便了我的生活、工作

○非常不同意

○不同意

○一般

○同意

○非常同意

10. 我认为第三方支付平台的发展是互联网创新模式中有用的一种

○非常不同意

○不同意

○一般

○同意

○非常同意

11. 第三方支付不同软件对我而言是有用的

○非常不同意

○不同意

○一般

○同意

○非常同意

12. 我认为学习使用第三方支付软件非常容易
○非常不同意
○不同意
○一般
○同意
○非常同意

13. 使用第三方支付操作流程对我而言是一件容易的事情
○非常不同意
○不同意
○一般
○同意
○非常同意

14. 我可以不费力地得到第三方支付软件的下载客户端
○非常不同意
○不同意
○一般
○同意
○非常同意

15. 我认为第三方支付软件购买成本比较高
○非常不同意
○不同意
○一般
○同意
○非常同意

16. 我认为第三方支付软件的使用成本比较高
○非常不同意
○不同意
○一般
○同意
○非常同意

17. 我认为第三方支付软件的交易支付成本比较高

○非常不同意

○不同意

○一般

○同意

○非常同意

18. 我认为目前第三方支付软件的价格优势不够明显

○非常不同意

○不同意

○一般

○同意

○非常同意

19. 我担心目前的信息技术不能保证支付交易的安全进行

○非常不同意

○不同意

○一般

○同意

○非常同意

20. 我担心自己在不知情的情况下被利用

○非常不同意

○不同意

○一般

○同意

○非常同意

21. 我担心支付宝上账号信息泄露

○非常不同意

○不同意

○一般

○同意

○非常同意

22. 我担心第三方支付平台不能很好地保障消费者各方面权益

○非常不同意

○不同意

○一般

○同意

○非常同意

23. 我对某第三方支付平台的网站环境体验很满意

○非常不同意

○不同意

○一般

○同意

○非常同意

24. 我对某第三方支付软件的体验流程很满意

○非常不同意

○不同意

○一般

○同意

○非常同意

25. 我在体验第三方支付软件过程中感觉自我价值有所提升

○非常不同意

○不同意

○一般

○同意

○非常同意

26. 我对某第三方支付软件的体验流程很满意

○非常不同意

○不同意

○一般

○同意

○非常同意

27. 我曾经选择过某类第三方支付软件进行支付

○非常不同意

○不同意

○一般

○同意

○非常同意

28. 我曾多次推荐别人使用某第三方支付软件

○非常不同意

○不同意

○一般

○同意

○非常同意

29. 我以后还会继续使用某第三方支付软件

○非常不同意

○不同意

○一般

○同意

○非常同意

（三）第三方支付平台持续使用意向调查问卷

亲爱的顾客，您好！我是首都经济贸易大学的一名学生，感谢您百忙之中填写本问卷，问卷主要调查不同第三方支付平台的用户体验。本人保证问卷调查结果只用于学术目的。恳请您根据自身情况客观填写，您的填写将直接关系到我的论文质量，在此对您的帮助与支持表示衷心的感谢！

一、您的个人信息

1. 您的性别

○男

○女

2. 您的年龄

○18 岁以下

○18~24 岁

○25~34 岁

○35~44 岁

○ 45 岁及以上

3. 您已获得的最高学历

○高中及以下

○中专/大专

○本科

○硕士研究生

○博士研究生

4. 您的职业

○在校学生

○教师、政府及事业单位员工

○企业职员

○其他

5. 您每月的可支配收入

○ 1000 元以下

○ 1000～2000 元

○ 2001～3000 元

○ 3001～5000 元

○ 5000 元以上

6. 您用过以下哪些第三方支付平台（多选）

○支付宝

○财付通（微信支付）

○银联商务

○快钱

○拉卡拉

○以上都无（结束作答）

7. 您最常用的第三方支付工具是（单选）

○支付宝

○财付通（微信支付）

○银联商务

○快钱

○拉卡拉

二、结合您对以往最常使用的第三方支付平台的看法,如实对下列题项做出选择

下列设置了五部分题项,目的是了解您对该第三方支付平台的看法。各题项的打分没有对错之分,请按照您的真实感受进行选择(1~5 表示同意程度:1 表示非常不同意,5 表示非常同意)。

编码	问项	非常不同意	不太同意	一般	比较同意	非常同意
FE01	该第三方支付平台能够提供丰富准确的产品信息	1	2	3	4	5
FE02	该第三方支付平台的速度与稳定性令人满意	1	2	3	4	5
FE03	该第三方支付平台浏览及支付操作方面简单易用	1	2	3	4	5
FE04	该第三方支付平台能提供有效的安全机制保护我的支付信息和个人隐私	1	2	3	4	5
FE05	我认为使用该第三方支付平台进行支付更实惠	1	2	3	4	5
FE06	支付手段具有多样性、便利性、安全性	1	2	3	4	5
EE01	使用该第三方支付平台使我身心放松	1	2	3	4	5
EE02	使用该第三方支付平台可以使我暂时忘掉烦恼和压力	1	2	3	4	5
EE03	使用该第三方支付平台使我感到轻松愉快	1	2	3	4	5
EE04	使用该第三方支付平台有时候会带来惊喜	1	2	3	4	5
EE05	使用该第三方支付平台会使我感到兴奋	1	2	3	4	5
SE01	使用该第三方支付平台能够显示我的经济水平	1	2	3	4	5
SE02	使用该第三方支付平台能够体现我的品味	1	2	3	4	5
SE03	使用该第三方支付平台能增加别人对我的认同	1	2	3	4	5
SE04	使用该第三方支付平台能增进社会交往	1	2	3	4	5
EC01	使用该第三方支付平台的收获比我预期的要大	1	2	3	4	5
EC02	该第三方支付平台所提供的功能比我预期的要多	1	2	3	4	5
EC03	该第三方支付平台所提供的功能比我预期的要好	1	2	3	4	5
EC04	总的来说,我对该第三方支付平台的期望在使用后都得到了满足	1	2	3	4	5

PU01	该第三方支付平台能让我更容易地完成支付目的	1	2	3	4	5
PU02	该第三方支付平台能让我更快捷地完成支付目的	1	2	3	4	5
PU03	该第三方支付平台能让我更有效率地购买到我喜欢的产品和服务	1	2	3	4	5
PU04	该第三方支付平台能让优惠的价格购买产品和服务	1	2	3	4	5
PU05	总的来说,该第三方支付平台对我来说是有用的	1	2	3	4	5
PR01	使用该第三方支付平台可能会造成我的财产损失	1	2	3	4	5
PR02	该第三方支付平台的安全没有达到我的预期要求	1	2	3	4	5
PR03	使用该第三方支付平台会让我因害怕账号密码信息和个人隐私泄露感到担心和紧张	1	2	3	4	5
PR04	使用该第三方支付平台花费了我较长的时间	1	2	3	4	5
PR05	该第三方支付平台系统存在安全漏洞	1	2	3	4	5
CI01	未来我打算继续使用第三方支付平台	1	2	3	4	5
CI02	未来我愿意继续使用第三方支付平台	1	2	3	4	5
CI03	未来我依然会经常使用该第三方支付平台	1	2	3	4	5